MARCELO SIMONATO

O líder de A a Z

Copyright© 2021 by Literare Books International
Todos os direitos desta edição são reservados à Literare Books International.

Presidente:
Mauricio Sita

Vice-presidente:
Alessandra Ksenhuck

Capa, diagramação e projeto gráfico:
Gabriel Uchima

Revisão:
Rodrigo Rainho

Diretora de projetos:
Gleide Santos

Diretora executiva:
Julyana Rosa

Diretor de marketing:
Horacio Corral

Relacionamento com o cliente:
Claudia Pires

Impressão:
Paym

Dados Internacionais de Catalogação na Publicação (CIP)
(eDOC BRASIL, Belo Horizonte/MG)

S594l	Simonato, Marcelo. O líder de A a Z / Marcelo Simonato. – São Paulo, SP: Literare Books International, 2021. 14 x 21 cm

ISBN 978-65-5922-042-7

1. Literatura de não-ficção. 2. Liderança. 3. Sucesso nos negócios. I. Título.

CDD 658.4

Elaborado por Maurício Amormino Júnior – CRB6/2422

Literare Books International
Rua Antônio Augusto Covello, 472 – Vila Mariana – São Paulo, SP.
CEP 01550-060
Fone: +55 (0**11) 2659-0968
site: www.literarebooks.com.br
e-mail: literare@literarebooks.com.br

PREFÁCIO
Minhas percepções sobre liderança

Por Geraldo Rufino

Olá, como vai? Meu nome é Geraldo Rufino. Sou empreendedor e líder.

E por falar em ser líder, olha que interessante, eu me tornei líder ao modelar outra grande líder, que era minha mãe. Ela faleceu quando eu tinha apenas sete anos e meio de idade e desde então eu passei a liderar a mim mesmo, liderando de dentro para fora, conduzindo minha própria vida, sendo protagonista da minha história e construindo o meu próprio destino (primeiro estágio da liderança: seja líder de si mesmo).

O interessante disso tudo é que eu fiz o que tinha que ser feito, não apenas por falta de opção, mas por paixão: paixão por liderar, assumir a responsabilidade, ser a locomotiva, esticar a mão e trazer mais alguém. Eu sempre me preocupei em cuidar mais das pessoas ao invés de ser cuidado por alguém. Eu aprendi tudo isso desde muito cedo!

Minha trajetória empreendedora começou aos oito anos quando eu já estava trabalhando ensacando carvão. Depois passei por um aterro sanitário, catando latinhas de alumínio para vender como sucata reciclável, até que comecei a utilizar o CNPJ de outra pessoa e assim iniciei toda uma trajetória de aprendizado, escolaridade e de profissionalismo, chegando ao ponto de tornar-me um executivo em uma grande multinacional aos 30 anos de idade. Hoje sou um empresário bem-sucedido, escritor, palestrante, mas as coisas nem sempre foram assim.

Olhando para minha história e para aquilo em que acredito, entendo que tudo o que conquistei e aonde cheguei só foi possível porque eu decidi liderar a minha vida! E hoje estou aqui escrevendo este singelo prefácio em gratidão ao meu amigo Marcelo Simonato.

Nós podemos chamar de livro ou de obra, mas, na verdade, para mim, o que temos aqui é um verdadeiro manual para a vida. Quando você consegue liderar a sua própria vida, você consegue liderar qualquer coisa a sua volta. Acredito que é através da liderança, dessa admiração e inspiração, da divindade que está dentro de cada um de nós, que conseguimos promover a mudança na vida das pessoas e com isso ajudá-las a se transformarem em pessoas e profissionais melhores, mais produtivos e mais felizes. Devemos praticar essa liderança em nós mesmos, em casa, na família e no lugar que você escolheu para trabalhar e gerar resultados.

O conceito de liderança abordado neste livro, *O líder de A a Z*, traz a soma de muitas letras que geram uma série de iniciativas, as quais serão utilizadas por você ao longo de sua vida. Liderar é muito mais do que ser chefe, seja chefe de família, chefe de seção, seja mesmo patrão. Liderar é um estado de espírito, um comportamento, um jeito de pensar.

Novamente quero agradecer ao Marcelo pelo convite e faço votos de que este livro, ou melhor, este manual, sirva para o crescimento de todos aqueles que tiverem acesso a ele e tenham o propósito de evoluir enquanto pessoa e em sua forma de liderar.

Aqui vai um recado para você que acha que não é líder: este livro vai ajudá-lo a arrancar de você tudo aquilo que já está armazenado aí dentro: a liderança que já existe em você, mas que ainda não percebeu.

E para você que já é um líder ou pensa que sabe tudo de liderança: este livro vai permitir que você recomece, que busque na sua origem, na sua essência, aquilo que talvez tenha perdido ao longo de sua jornada. Faça como eu e como todo grande líder: há momentos em que precisamos parar e começar de novo...

Diariamente, comece de novo, aceite ouvir, esteja aberto a aprender e a compartilhar, tenha a humildade de querer evoluir e, assim, por consequência, tornar-se um líder melhor a cada dia. Agindo assim, o grande líder passa a ser como uma bússola que é seguida pelos demais, pois se torna uma referência.

Eu não estou falando sobre nada revolucionário, mas sobre coisas simples, porque são elas que funcionam. Aprenda a trocar ideias com o seu time, a tomar um café, a ter uma comunicação clara, leve e constante. Isso o ajudará como líder a criar empatia, afinidades e, por consequência, conquistas. É assim que começa uma boa liderança: tendo respeito pelo outro, ajudando em seu crescimento através do relacionamento.

O líder deve ter essa capacidade de relacionar-se e isso começa dentro de casa, no cuidado com seu cônjuge, pais, irmãos ou filhos, pois aquilo que aprendemos e praticamos em casa, como conviver e respeitar as diferenças, isso é o que também faremos e levaremos para nossa vida profissional.

Um líder que age dessa forma, com humildade, torna-se admirado e é espelhado (modelado) por seus colaboradores. Um bom dia ou um obrigado são gestos simples e pequenos, mas ao mesmo tempo, impactantes.

Mais uma vez, quero deixar registrado aqui meu apreço por este conteúdo e dizer que todos vocês podem tornar-se líderes. E aqueles que já são podem tornar-se melhores ainda, ao resgatar alguns princípios que talvez tenham se perdido ao longo do tempo.

Desejo que vocês tenham uma ótima leitura e que, ao final, sejam pessoas, profissionais e líderes melhores do que antes. Lembrem-se de que, ao tornarem-se líderes melhores, vocês também farão com que as pessoas ao redor se tornem pessoas melhores.

Liderar é uma missão e vocês estão convidados a fazer parte dessa jornada.

Deus abençoe e um abraço a todos!

Geraldo Rufino,
CEO da JR. Diesel, escritor e palestrante.

SUMÁRIO

INTRODUÇÃO: os primeiros passos rumo à liderança 11

ATITUDE: a arte de transformar cenários 17

BONDADE: praticar o bem gera melhores resultados 23

CAPACITAÇÃO: a importância de desenvolver os talentos 29

DETERMINAÇÃO: eis o segredo dos campeões 35

ENTUSIASMO: a força que contagia 41

FIRMEZA: da hesitação à tomada de decisão 47

GUARDIÃO: à frente da batalha 53

HONESTIDADE: alinhamento do discurso com a prática 61

INTERESSE: influenciar para conquistar 69

JUSTIÇA: promoção de ambientes seguros 75

KEEP CALM: siga em frente 81

LIFELONG LEARNING: aprendizagem contínua 87

MOTIVAÇÃO: a força que move um time 95

NAVEGAÇÃO: porque navegar é preciso 101

OBSERVAÇÃO: esteja atento a cada movimento 107

PARTICIPAÇÃO: é junto que devemos andar 113

QI + QE: unir a razão com a emoção 119

RESOLUÇÃO: faça o que tem que ser feito 127

SOLÍCITO: seja sensível e solidário 133

TREINAMENTOS: desenvolver talentos sempre 141

UNIÃO: unidos somos mais fortes 147

VALORIZAÇÃO: o capital humano em primeiro lugar 153

XADREZ: da estratégia à execução 159

YANKEES: agir na superação e transformação 167

WOW: gere uma experiência positiva em seu time 173

ZELO: proteger, amar e respeitar 179

CONCLUSÃO 187

REFERÊNCIAS 191

INTRODUÇÃO:
os primeiros passos rumo à liderança

Você já teve a sensação de que precisa mudar rapidamente senão o mundo acabará o engolindo ou o deixando para trás? A volatilidade do universo corporativo está acontecendo a todo instante e, por isso, devemos, como líderes, manter-nos sempre atualizados.

A transformação é a ação mais recorrente que tem ocorrido nos últimos anos em todos os aspectos, principalmente econômico, social e tecnológico. Todavia, as transformações interferem diretamente no indivíduo, seja no modo de agir seja no pensar, dentro e fora do trabalho.

Obviamente, não podemos generalizar; porém, é certo que adaptar-se ao novo é uma questão de sobrevivência, principalmente nesta era a que estamos submetidos.

No mundo corporativo, nunca se falou tanto em redução de custos, excelência em qualidade, sustentabilidade e competitividade. Consequentemente, os líderes estão sendo cobrados cada vez mais diante dessa transformação tecnológica e mudança no perfil dos colaboradores. Nesse cenário, empresas e seus líderes precisam mudar, reinventar-se, quebrar paradigmas e, por que não dizer, desaprender para então reaprender algo novo.

Para tornar-se um grande líder, você deve, antes de tudo, querer. Isso mesmo! O desejo de tornar-se um grande líder não tem nada a ver com um cargo, promoção ou dinheiro. Liderar é uma missão!

Se você estiver mesmo disposto a tornar-se um gestor de pessoas, deverá buscar referências positivas de outros grandes profissionais, estudá-los e aprender com eles: o que fizeram para chegar aonde chegaram, quais foram os seus erros e acertos. Ter modelos inspiradores é primordial para desenvolver as suas habilidades de liderança. Além disso, é necessário ter a humildade de um aprendiz para saber ouvir e aprender.

Quem é o autor?

Sou um executivo de empresas, mas, como costumo dizer, prefiro começar apresentando-me como um neto de zelador e filho de um mecânico que, desde muito cedo, aprendeu que o trabalho determina muito do que somos. Logo, aos 14 anos de idade, comecei em meu primeiro emprego e de lá para cá nunca mais parei.

Hoje me orgulho dos mais de 25 anos de experiência no mundo corporativo, atuando em empresas nacionais e multinacionais, ocupando cargos de liderança e tendo chegado ao topo da carreira como diretor (*C-Level*) ainda aos 37 anos.

Essa trajetória não foi fácil. Percebi no trabalho que o meu caminho demandava também muito estudo e desenvolvimento, pois desejava tornar-me um grande profissional. Estudei, aprendi e cresci! Graduei-me em Administração de Empresas, fiz pós-graduação em Finanças Empresariais pela Fundação Getulio Vargas e MBA em Gestão Empresarial pela Lassale University, na Filadélfia, nos Estados Unidos.

Com essa bagagem oriunda da teoria, e também na prática, senti-me na obrigação de compartilhar o saber com quem, assim como eu, deseja transformar a realidade das empresas por meio da construção de times extraordinários. Tomei como propósito pessoal transmitir a mais pessoas o que vivo no meu dia a dia, como líder e executivo, e o que aprendi na teoria acerca da liderança.

Para isso, dei dois passos decisivos. O primeiro foi dedicar-me a publicar artigos e livros na área do desenvolvimento profissional e liderança, divulgando o saber acumulado a quem lidera grandes e complexos times de pessoas e busca resultados melhores. O passo seguinte foi ministrar palestras e treinamentos por todo o Brasil, unindo a teoria com a prática, de modo a levar os participantes a uma experiência reflexiva sobre o papel da liderança nos novos tempos em que vivemos.

Nesses passos sigo incessantemente, dia após dia, buscando mudar a realidade enquanto executivo, escritor e palestrante, tendo como lema **liderar pessoas e humanizar empresas!**

Mas como surgiu a ideia deste livro?

Você acredita que alguém possa nascer com a habilidade da liderança por instinto? Você já reparou como existem pessoas que já nascem com uma predisposição para inspirar, persuadir e liderar com legitimidade? São pessoas que carregam uma conduta natural de influenciar os outros a tomar decisões, agir e sair da acomodação.

Do outro lado, existem pessoas que não nascem com essa aptidão, a natureza da liderança com legitimidade; porém, ao buscarem conhecimento, formação e se prepararem, poderão tornar-se grandes líderes. E, para fundamentar essa ideia, Jim Rohn disse: "Podemos compensar a falta de habilidade, dom e talento com muito treinamento e experiência de vida. Práticas repetidas geram o aprendizado".

O fato é que uma pessoa torna-se um verdadeiro líder à medida que é colocada em desafios de comando, quer seja pelas experiências de vida pessoal quer pelas profissionais, ou seja, na prática.

Independentemente de sua predisposição para liderar ou não, saiba que, para tornar-se um grande gestor, você precisará desenvolver-se (corpo, mente e espírito). Pensando nisso, decidi escrever este livro trazendo diversas características necessárias para que você desenvolva-se plenamente e, para isso, utilizei as letras do alfabeto, fazendo uma analogia com a necessidade que temos de tomar vitaminas (de A a Z) para manter nossa saúde física e mental.

As vitaminas são substâncias orgânicas que o nosso organismo não consegue produzir. Necessárias em pequenas quantidades e obtidas por meio de uma alimentação equilibrada, são essenciais ao nosso organismo, atuando em conjunto com algumas enzimas, controlando atividades das células e diversas funções do corpo. Cada vitamina constitui, portanto, um elo importante para manter uma saúde plena e evitar doenças graves.

Nesta obra, passaremos pelas 26 letras do alfabeto, apresentando os principais conceitos sobre a liderança moderna de acordo com cada letra (de A a Z), embasando cada capítulo com exemplos de líderes, histórias reais e citações de outros autores renomados.

Espero que você goste da leitura e tenha boas reflexões sobre os pontos aqui abordados, nos quais acredito totalmente, pois os aplico como líder há muitos anos.

Desejo uma ótima leitura!

ATITUDE:
a arte de transformar cenários

Você é um líder de **atitude** que **administra** bem sua área ou equipe para **atingir** os seus objetivos?

Atitude: de origem italiana, representa "postura e disposição", "certo e adequado". Essa palavra surgiu no século XVII e era usada inicialmente como termo técnico em arte para explicar a postura de um quadro, figura ou estátua. Com o passar do tempo, o termo passou a ser usado para descrever também a postura física sugestiva de um estado mental.

Os verdadeiros líderes têm atitude e transformam o cenário por meio de seus comportamentos, que são desenvolvidos para impulsionar a mudança do time através do incentivo, dos desafios, das metas e do engajamento. Trata-se de um líder que ressalta o coletivo, estimula e acredita em seu potencial.

O líder de A a Z faz o que tem que ser feito e, por meio de seu comportamento, ajuda a gerar uma equipe que também faz as coisas acontecerem. E, quando penso em fazer as coisas acontecerem e não ficar apenas em cima do muro, acredito que realmente esse tenha sido um grande diferencial em minha carreira.

Lembro-me de meu avô, que sempre dizia, na minha infância, que eu não poderia acomodar-me e ser apenas alguém que obedece ou espera receber ordens, mas que eu deveria antecipar-me às necessidades e fazer mais do que se esperava de mim.

Eu já era líder de mim mesmo antes mesmo de saber o que isso significava naquela época. Quando recebi minha primeira promoção para um cargo de coordenador em 1999 na Philip Morris do Brasil, eu na verdade já coordenava outras duas pessoas, ou seja, eu já era líder antes mesmo de ocupar uma posição (um cargo) de liderança na estrutura hierárquica da empresa.

Meu avô ensinou-me a olhar mais longe e ter mais de um ponto de vista. Aliás, foi com ele que aprendi a pensar fora da caixa e ter visão a longo prazo. Uma das atitudes do bom líder é planejar o futuro também.

É muito fácil pensar somente no agora, nos resultados do semestre e deixar as principais iniciativas de mudança de lado ou para um próximo período, quem sabe. Líderes com atitude fazem perguntas para a equipe e buscam as melhores opções dentre as respostas. O provérbio camaronês fundamenta essa postura ao dizer que aquele que faz perguntas não pode evitar as respostas. E os bons líderes sabem disso!

Profissionais com essa característica exploram e constroem fortes vantagens na organização, criam alinhamentos dentro da equipe, mantém o foco nos resultados e, por fim, fazem correção do curso quando percebem que é necessário aplicar mudanças.

O líder é também um administrador e tem uma postura voltada ao autogoverno, gerenciamento do tempo, direção e organização da equipe, utilizando-se de estratégias de gestão para que atinja seus objetivos de forma efetiva, perspicaz e com muita responsabilidade.

O bom administrador sabe decidir, solucionar problemas, lidar com pessoas, comunicar-se de maneira assertiva, negociar e conduzir mudanças, cooperar e resolver conflitos. Além disso, ele tem visão sistêmica, tem capacidade de compreender a equipe e ter uma visão geral sobre ela.

ATINGIR OS OBJETIVOS

Atingir metas ainda é um grande desafio para muitas organizações. Mesmo adotando diversas medidas, muitos líderes acabam por não cumprir os resultados esperados. O líder sabe inspirar as ações necessárias para alcançar uma meta, como também reagir a tempo diante de um desafio.

Para isso, os líderes que atingem metas são flexíveis, apresentam os objetivos com clareza dentro da corporação, indicam quais são as principais atividades e responsabilidades de cada colaborador, e não só explicam como também os ajudam. Eles criam estratégias necessárias para uma mudança positiva de curso, motivam os funcionários com premiações, criam um ambiente de confiança e empatia entre todos.

Líderes que atingem seus objetivos não subestimam as suas obrigações, custeiam o tempo e tratam tudo com foco e seriedade, independentemente do tamanho da meta estipulada. Eles as dividem em pequenas etapas e estão abertos ao improviso, caso precisem readequá-las para um plano B. Por fim, eles fazem de tudo para atingi-las.

Se você deseja ser um líder de A a Z, precisa ter dedicação total e dar o melhor de si mesmo. Se, ao ler este conteúdo você percebeu que tem falhado em alguma postura, aproveite e aplique uma mudança de curso em sua carreira agora mesmo. Como está a sua atitude como líder? Você tem atingido suas metas? Pense nisso!

BONDADE:
praticar o bem gera melhores resultados

Ser um líder **bondoso** não é sinônimo de fraqueza! Pesquisas mostram que o maior desejo dos profissionais está em ser reconhecido e valorizado pelas pessoas que os rodeiam. Porém, para receber tal validação e atingir esse objetivo, o líder precisa estar verdadeiramente acima da média.

O fato é que todo indivíduo deseja ser reconhecido e valorizado por quem é e pelo que faz, tanto na vida pessoal como principalmente em sua carreira. Os autores Allan e Barbara Pease, em seu livro *Como conquistar as pessoas*, disseram: as maiores necessidades da natureza humana estão em (1) sentir-se importante, (2) ser reconhecida e (3) ser valorizada; os três princípios da natureza humana.

O líder de A a Z

Algumas das perguntas que diversas organizações fazem-me durante minhas palestras/treinamentos são: "Vale a pena ser um líder bondoso?", "Se eu for fraco, a equipe poderá tripudiar, não acha?".

O *Jornal do Empreendedor* certa vez publicou algo muito interessante e que pode ajudar-nos a responder a tais questionamentos: "em filosofia, treva é ausência de luz, maldade é ausência de bondade, ódio é ausência de amor". Dessa forma, ser um líder bondoso não é sinônimo de fraqueza e muito menos de ausência de poder.

Logo, a resposta para as perguntas é: sim, vale a pena ser um líder bondoso. A bondade só poderá ser manifestada por líderes que são fortes, que conhecem sua identidade, que estão capacitados a transformar o meio. Líderes fortes são naturalmente inclinados a fazer o bem, por isso a equipe sempre será alvo de sua nobreza, gentileza e benfeitoria. Em suma, ser um líder bondoso é qualidade "sem igual" de quem é forte. O *Jornal do Empreendedor* ainda afirma que líderes competentes são o que são em qualquer situação.

No meu dia a dia como executivo, busco ao máximo ser um líder gentil, educado e agir com bondade e generosidade, respeitando as diferenças e concedendo as mesmas oportunidades a todos.

Acredito muito no efeito espelho, onde eu recebo aquilo que dou, ou seja, assim como o espelho reflete a sua imagem, acredito que uma equipe que receba um bom tratamento devolverá ao seu líder o mesmo tipo de comportamento. Além disso, ela também reflete a forma como o líder interage com as demais áreas e pessoas.

Gosto de citar o exemplo de uma das empresas em que estive anos atrás. Quando cheguei a esse grupo, percebi que havia um grande distanciamento entre o time e meu antecessor. Fato que levou o grupo, no primeiro momento, a manter-se recuado de mim também. Passado algum tempo e conhecendo melhor o histórico da empresa, das pessoas e especialmente daquele profissional que eu havia sucedido, entendi que a forma como ele havia tratado o time pelos últimos anos estava totalmente ultrapassada, pois gerava respeito através do medo e não pela bondade. Posso dizer inclusive que, em certas ocasiões, aquele suposto líder agiu de fato com maldade e por isso perdeu não somente a equipe como também o emprego.

Já vi diversos profissionais serem demitidos por seu estilo de liderança agressivo, assim como diversos profissionais pedirem demissão por não suportar trabalhar com pessoas desse tipo. O fato é que, se você deseja conquistar o coração e mente do seu time, você precisará agir com bondade, justiça, e isso, sem dúvida alguma, não é ser bobo.

Por falar em bobo, você sabe qual o significado dessa palavra? Bobo é um adjetivo masculino utilizado para qualificar um indivíduo que só diz ou faz coisas sem interesse; desinteressante; uma pessoa ingênua; aquele que comete bobagens ou estupidez.

Esse termo surgiu durante a Idade Média, quando existiam os bobos da corte, que faziam graça para divertir o rei e os nobres, entretendo-os durante suas refeições e festas. Eram os palhaços da corte.

A palavra bobo também pode estar relacionada com a insignificância de uma situação ou ato, ou seja, algo que está isento de importância. Exemplo: "O evento desse ano foi muito bobo". Com base nisso, podemos afirmar que o líder deve ser bondoso, mas não bobo.

Vejamos um exemplo: uma senhora idosa ajudando seus netos. Quando vemos essa cena, pensamos logo que essa pessoa pode ser considerada uma boa pessoa. Porém, se o neto abusa dessa ajuda e a senhora não faz nada para mudar, impedir ou pelo menos diminuir o comportamento de quem está abusando, podemos imaginar que essa avó, além de boa, está sendo também boba.

Em virtude de minha experiência, vejo que muitas pessoas confundem ser bom com ser bobo, como no exemplo anterior, ou seja, acreditam que qualquer pessoa que realize boas ações para os demais é uma pessoa boba, que perde seu tempo com os outros em vez de olhar para o seu próprio umbigo. Sem dúvida alguma, um grande engano.

O líder bondoso é aquele que também busca... Essa é outra característica do líder de A a Z, ele busca conhecimento, atingir as metas estipuladas, motivar a equipe, melhorias, aprimoramento, desenvolvimento e evolução.

Muito se fala sobre a importância do autoconhecimento para os líderes serem bem-sucedidos, e "buscar" é uma das formas de melhorar a autoestima, de elevar o patamar de consciência da pessoa, o que resulta numa melhor *performance*. Ampliando nossa visão para os líderes das organizações atuais, podemos dizer que, para ser líder, é preciso buscar, além do conhecimento técnico na área de atuação, também o conhecimento de si mesmo para depois conhecer os outros e assim ser capaz de liderar pessoas.

O líder de A a Z

Ou seja, não há como ser um líder bom e verdadeiro sem buscar entender antes o funcionamento e qual o impacto do seu modelo nas pessoas. Como se pode falar em exemplo a ser seguido, se o líder não busca conhecer as suas próprias reações perante uma determinada situação, ou como fazer as escolhas mais conscientes, ou, ainda, como alavancar o seu potencial e de sua equipe.

Portanto, o líder deve buscar conhecimento, ser exemplo e aumentar o seu potencial diariamente. Ele jamais se contenta com os aprendizados já adquiridos, mas busca sempre mais, ou seja, ir além do esperado.

Ram Charam, em sua obra intitulada *A arte de cultivar líderes*, disse: "até que ponto conhecemos a nossa essência? Os líderes devem buscar conhecer o que aciona suas reações e os deixam ansiosos, irritados ou nervosos. O bom líder busca conhecimento infinito. Ou seja, ele está em uma constante busca".

Se você deseja ser um líder reconhecido, validado por sua competência (que é uma necessidade natural do ser humano, como já vimos) e valorizado pela maneira como gerencia sua equipe, aplique essas dicas em sua vida. O sucesso não é uma questão de sorte, mas de busca. Você considera-se um líder bondoso? Uma pessoa do bem? E tem buscado melhorar a cada dia? Pense nisso!

CAPACITAÇÃO:
a importância de desenvolver os talentos

O verdadeiro líder **capacita** outros a serem melhores do que ele próprio e não se ofusca com o brilho de um liderado; pelo contrário, orgulha-se!

Ronald Reagan, 40º presidente dos Estados Unidos, certa vez disse: "O maior líder não é, necessariamente, aquele que realiza as coisas mais extraordinárias, e sim aquele que faz com que as pessoas superem os seus limites e realizem coisas extraordinárias". Uma grande verdade, não é mesmo?

O líder de A a Z é aquele que desenvolve a equipe e não visa apenas o seu próprio crescimento, mas o de todos. O processo de liderança requer grandes transições na carreira de qualquer pessoa. Uns demoram mais do que outros na hora de entender que ser líder é ajudar os outros a serem melhores que eles próprios, sem deixar a vaidade, o ego e a competição atrapalhar o processo de desenvolvimento de seus liderados.

Vejo isso nitidamente na criação dos meus filhos. Sou filho de um mecânico de manutenção que, com muito esforço, formou dois filhos, tornando-os melhores do que ele mesmo, e isso não parou por aí, pois agora eu, como pai, também tenho a meta de formar meus filhos para que sejam melhores do que eu e possam ir mais longe em suas carreiras.

Se isso valeu para a minha família, logo acredito que também, como líder em uma empresa, devo colaborar com meus colaboradores para que cresçam em suas carreiras e possam ser ainda melhores.

Percebo que diversos líderes têm medo de ensinar a seus colaboradores por receio de perderem o cargo para eles. Vejo também que, quando isso começa a acontecer dentro da organização, em vez de ser motivo de satisfação por parte do líder, acaba sendo motivo de tormento. Há até quem comece a matutar maneiras de demitir o camarada que está se destacando. Pasme!

Eu não sou orgulhoso, mas tenho muito orgulho de ter ajudado diversos profissionais que trabalharam comigo a se desenvolverem e crescer em suas carreiras. Muitos foram promovidos e permaneceram comigo por anos, outros foram transferidos para outras áreas da empresa e alguns foram ser felizes em outros lugares.

Assim como tive líderes que me apoiaram, ensinaram-me e me deram oportunidades, sigo fazendo o mesmo com o meu time e posso garantir que ajudar um profissional em seu crescimento e a realizar os seus sonhos não tem preço.

Michelle Obama, ex-primeira dama, disse: "Os líderes que são verdadeiramente fortes elevam os outros. Líderes verdadeiramente poderosos unem os outros". Para fundamentar ainda mais esse conceito, se voltarmos um pouco na História, veremos que os três filósofos mais conhecidos, que também foram os inauguradores da filosofia ocidental, aprimoraram um a ideia do outro, sem receio de perder o mérito.

Ou seja, Sócrates teve a ideia e liderou outros pensadores que se destacaram e aprimoraram muitas informações que utilizamos ainda hoje em diversos aspectos. O período em que Sócrates, Platão e Aristóteles despontaram é considerado como áureo da Filosofia, dada a imensa contribuição deles para o avanço do pensamento filosófico.

O líder de A a Z

Mas o que quero dizer com isso? Que um verdadeiro líder não se ofusca com o brilho de um liderado, mas se orgulha! John Maxwell disse: "Um bom líder é aquele que leva um pouco mais do que a sua parte devida de culpa pelos fracassos e um pouco menos do que a sua parte do crédito pelo sucesso". Fato!

Para ser líder, é preciso mesmo ter coragem, não acha? Fala sério, é preciso bastante coragem para liderar uma equipe e aceitar o desafio de movê-la de um estado para o outro, e ainda apresentando resultados simultaneamente.

Bem, já dizia Winston Churchill, ex-primeiro-ministro britânico: "O preço da grandeza é responsabilidade". Na Bíblia, também podemos encontrar algo nesse sentido: "Ao que muito foi confiado, muito mais será exigido; mas ao que pouco foi confiado, pouco também será cobrado". Em outras palavras: para ser acima da média, um líder precisa encarar as adversidades, assumir as responsabilidades e isso não é para qualquer um!

É preciso coragem para dizer "sim" para a equipe e muito mais para dizer "não". Tony Blair, ex-primeiro-ministro do Reino Unido, disse que essa é uma das tarefas mais complexas do líder: "A arte da liderança está em saber dizer não e não em dizer sim. É muito fácil dizer sim".

É preciso coragem para apresentar o *feedback*, despertar um talento que talvez nem mesmo o próprio colaborador enxergue em si mesmo ainda. É necessário coragem para aceitar o cargo e guiar a equipe como um bom líder ao lugar e resultados solicitados.

Simon Sinek, especialista em gestão e autor do livro *Líderes se servem por último*, disse: "Coragem é o principal requisito para ser um bom líder". Coragem para proteger a equipe e arriscar quando necessário. Mas não para por aí... Líderes corajosos sabem corrigir para o bem comum, para o crescimento individual e para a obtenção de melhores resultados. Além disso, têm consciência de que cada integrante da equipe têm o seu *timing* (tempo). Dessa forma, sabem compreender o processo de cada um, respeitando o desenvolvimento particular.

O autor Marcos Fabossi, em seu livro *Coração do líder*, trouxe outra perspectiva sobre a liderança. Para ele, a verdadeira liderança não se resume apenas aos benefícios que a equipe pode trazer ao líder, mas sim para todos. Resume-se ao anseio de conceber novos líderes treinados e habilitados para uma nova geração e posteridade.

Agir com o coração é criar uma nova estratégia de liderança com enfoque na habilidade de influenciar, formar e inspirar pessoas, servindo-as com amor e paixão, como mencionou Fernando Pessoa. O líder que ama o que faz, ama treinar pessoas e as capacitar. Ele entende que, se essa não for sua missão de vida, é melhor não assumir cargos de liderança.

Para encerrar, reafirmo que o líder de A a Z não é, necessariamente, aquele que realiza as coisas mais extraordinárias, mas sim aquele que faz com que as pessoas superem os seus limites e realizem coisas surpreendentes. O líder deve despertar os talentos do time! Você se considera um líder que está deixando um legado na vida das pessoas do seu time? Pense nisso!

DETERMINAÇÃO:
eis o segredo dos campeões

Você pode tornar-se um líder melhor com **determinação**! Se analisarmos a trajetória daqueles que influenciaram a História, determinação sempre foi uma qualidade que esteve presente em suas personalidades. Não tem como negar, a obstinação sempre foi uma das características mais importantes na vida de cada grande líder.

Nunca esmorecer, não desanimar diante dos obstáculos e enfrentar os desafios são "marcas registradas" dos grandes líderes. Quer um exemplo? Vamos então à vida do grande Demóstenes, um preeminente orador e político grego de Atenas. Sua oratória constituía uma importante expressão da capacidade intelectual e política da Grécia antiga, durante o século IV a.C. Mas a História nem sempre foi assim...

Segundo relatos históricos, Demóstenes tinha características bem distantes da imagem de um grande orador. Possuía voz fraca, não pronunciava bem as palavras e era motivo de chacota por causa do cacoete de levantar seguidamente um dos ombros enquanto falava.

Tais dificuldades naturais poderiam fazer com que qualquer outra pessoa desistisse de ser orador. Mas Demóstenes era determinado e não se conformou com a condição que a vida havia lhe imposto, condição natural de seu corpo e mente.

A História conta ainda que Demóstenes não desistiu e se tornou um dos maiores oradores da Antiguidade a ponto de ser comparado a outro surpreendente orador romano, Cícero, um comunicador extremamente preparado, eloquente, culto e imbatível em seus discursos.

Já vivi uma história relacionada ao tema da comunicação. Até os meus 14 anos de idade, eu era um garoto muito tímido, usava óculos, aparelho dentário e era gordinho. Toda vez que eu precisava falar em público na frente da sala de aula, isso era para mim um grande martírio.

Entretanto, eu sabia que essa dificuldade poderia impactar a minha carreira e, portanto, busquei ajuda e a encontrei na música. Comecei a cantar no coral da igreja, pois, no meio de muitas pessoas, não me parecia tão difícil esconder-me e passar despercebido. O fato é que, pouco a pouco, a inibição foi sumindo, eu emagreci, tirei o aparelho, operei a vista, aprendi a cantar e, quando percebi, já estava realizando apresentações solo e com total desenvoltura para a comunicação. Isso, sem dúvida alguma, ajudou-me muito no processo de crescimento profissional e liderança; afinal, já dizia o velho Chacrinha: "Quem não se comunica, se estrumbica".

O que aprendemos com isso? Que o líder pode atingir um *status* elevado, se for determinado. O fato é que nós podemos compensar com determinação aquilo que nos falta em habilidades naturais, assim como foi com Demóstenes.

Se você deseja ser um líder de A a Z, é de suma importância que seja determinado. Se você carregar a obstinação como aliada, poderá tornar-se *expert* em posições que talvez não tenha tanta desenvoltura hoje, mas que, com muita prática, acabará habilitando-se para elas.

"A força de vontade deve ser mais forte do que a habilidade" (Muhammad Ali). Eis o segredo dos campeões! O *site* www.administradores.com afirma: "Para fortalecer a voz, Demóstenes passou a fazer longas caminhadas na praia e falava diante do mar, procurando desenvolver um volume que superasse o bramido das ondas. Com o objetivo de aperfeiçoar a dicção, punha seixos na boca e, com as pedrinhas dificultando a fala, aprimorou a pronúncia das palavras". Ele era realmente muito determinado, por isso tornou-se o melhor orador de sua época.

Outro fator importante para um grande líder é ser **destemido**. O dicionário da língua portuguesa afirma que a palavra "destemido" significa um adjetivo que qualifica algo ou alguém como corajoso, que não possui temores, ou seja, uma pessoa valente.

Ser conhecido como alguém que é destemido significa que sua fama é de ser alguém que não tem medo, que encara as atividades do dia a dia com garra e que consegue enfrentar seus desafios profissionais e pessoais.

O líder de A a Z é aquele também que **domina** seus ímpetos, controla suas ações e pratica a autoliderança, além de liderar a sua equipe. Pesquisas recentes apontam que os líderes dominantes são os mais procurados pelas empresas em tempos de indecisão ou crise.

Aqui temos que tomar um grande cuidado, pois, ao mesmo tempo em que já falamos que o líder deve ser bondoso (letra B) e deve capacitar (letra C) os seus colaboradores, não podemos esquecer do fato de que toda equipe precisa de um líder de pulso firme, aquele que chega e resolve as pendências, coloca tudo no lugar e ainda leva a equipe ao *status* desejado.

Você diria que tem tais características? Se sua resposta for não, fique tranquilo. Lembre-se de que nós podemos compensar com determinação aquilo que nos falta em habilidades naturais, ou seja, pratique até que se torne esse líder completo. Exercite verdadeiramente. Você pode ser o que quiser, basta querer. Mahatma Gandhi disse: "A força não provém da capacidade física. Provém de uma vontade indomável". Como está sua determinação? Pense nisso!

ENTUSIASMO:
a força que contagia

Certa ocasião, Derek Bok disse: "Se você acredita que o treinamento é caro, experimente a ignorância". Temos aprendido no decorrer dos últimos capítulos que o líder de A a Z está focado na equipe e faz com que seus subordinados sintam que os compreende, apoia, valoriza e, por fim, encoraja-os. Um líder **entusiasmado** contagia os colaboradores e cria uma frequência positiva que estimula a todos.

É verdade! O líder deve sempre estar aberto a ensinar e ajudar cada membro de sua equipe na descoberta de suas habilidades para que possa atingir o seu máximo potencial. Infelizmente, atuando no mercado de trabalho há tantos anos, exercendo funções de liderança, tenho deparado-me com gestores extremamente fracos que só pensam no seu próprio umbigo.

Por mais que assuntos como esse pareçam para nós costumeiros e até lógicos, ainda existem muitas organizações e profissionais que não veem dessa forma. Sabemos que são os líderes que definem o clima e ritmo da empresa. Mas, quando a liderança coloca-se em uma posição de que "sabe tudo", automaticamente perde a habilidade de conectar-se com a equipe e a inspirar, motivar, ou seja, a encorajar, uma vez que a equipe não percebe o líder como um aliado.

Os verdadeiros líderes quebram esse ciclo antiquado e adotam medidas para encorajar a equipe, servindo de modelo. Que tal um exemplo? Em minhas reuniões habituais com o time, todas as vezes que ganhamos um novo projeto, cliente ou desenvolvemos um novo produto ou serviço, faço questão de explicar a todos a importância daquele fato e faço isso com bastante entusiasmo para que entendam a importância de seguirmos evoluindo enquanto empresa e como profissionais. Celebrar cada pequena vitória gera no time engajamento, sentido de pertencimento e participação no processo.

O autor Howard Gardner, em sua obra intitulada *Leading Minds* (*Mentes que lideram*), estudou alguns ícones de sucesso a fim de compreender o que havia de comum entre a liderança de Mahatma Gandhi e Winston Churchill, entre outros. E a descoberta foi incrível! Com a finalidade de encorajar seus liderados, diariamente, Mahatma Gandhi e Winston Churchill tinham um tempo para autoavaliar-se e faziam-no de formas diferentes.

Para Gandhi, por exemplo, nada era mais eficaz do que sua meditação de todos os dias. Já Churchill preferia as longas caminhadas a sós. Ainda que as formas fossem divergentes, sempre havia a prática cotidiana de sair de toda confusão, estresse e pressão do dia a dia para entender melhor sobre si mesmo. Dessa forma, para encorajar os demais, antes de tudo, o líder deve buscar a sua própria automotivação para só depois estar apto a motivar os outros (equipe).

Há líderes que dizem por aí: "Eu não vou ensinar o que sei para meu colaborador, porque ele pode me superar e tomar o meu lugar ou então deixar a empresa levando meus conhecimentos". Essa é uma ideia completamente pobre. O papel do verdadeiro líder é ensinar. Henry Ford, um dos homens mais renomados do passado, disse: "Só há uma coisa pior do que formar colaboradores e eles partirem: é não os formar e eles permanecerem".

Assim como na vida pessoal não somos donos de ninguém, no universo corporativo ocorre do mesmo modo. Se você entende que a sua missão é liderar, pensamentos como "não irei treinar meu colaborador para que depois ele não seja melhor do que eu", ou "para que ele não vá para outra empresa carregando o que ensinei" são completamente equivocados, além de demonstrar uma mentalidade totalmente egoísta.

Richard Branson disse: "Capacite bem seus colaboradores para que eles possam partir e para que sempre se lembrem de você!". Todos sabem que uma das piores coisas é trabalhar com um líder mal-humorado, pessimista e depreciativo, não é mesmo? Logo, o líder de A a Z é aquele que emana uma energia de otimismo, alegria e bom humor.

Criar um ambiente de trabalho agradável é uma das tarefas mais importantes do líder, pois, como diz aquele ditado popular: "Nós moramos no trabalho e visitamos as nossas casas". Ou seja, nós passamos mais tempo dentro das corporações do que em nossos lares. Dessa forma, o ambiente de trabalho precisa ser acolhedor, favorável e animador; caso contrário, os resultados não serão satisfatórios.

Segundo o *site* www.significados.com.br, o termo entusiasmo "representa grande interesse, um intenso prazer, uma dedicação ardente, uma paixão, uma conduta de veemência". "Entusiasmo é uma admiração, um arrebatamento, uma explosão de alegria, uma excitação de maneira exagerada". "Com relação à etimologia, a palavra entusiasmo se deriva do grego *enthousiasmos,* que significa estar cheio de Deus".

E aí, você diria que sua organização tem líderes com as características da letra "E" do alfabeto? Se sua resposta for não, tudo bem! É por isso que estamos aqui, para trabalhar essas áreas, certo? Afinal, nunca é tarde para começar uma mudança.

FIRMEZA:
da hesitação à tomada de decisão

Você prefere ser um líder fraco ou que tenha **firmeza** para tomar decisões e agir? Nos tempos atuais, percebemos um aumento considerável no número de líderes "fracos" que não têm "pulso firme" para liderar e tomar decisões. Embora a equipe não admita ou não identifique a necessidade de ser guiada e talvez sequer tenha noção da importância de seguir um líder assim, saiba que nada melhor do que poder confiar em alguém que sabe o que está fazendo e que guia o grupo com autoridade, ousadia e força.

Carlos Jenezi, especialista em desenvolvimento de produtos na plataforma Brasil Editorial, disse: "A pior sensação é estar em um barco à deriva em momentos de crise, conflito e situações problemáticas". Ninguém gosta de estar sob a direção de um líder omisso. Isso é fato! Ter pulso firme definitivamente está ligado a uma amplitude de visão que o faz agir em momentos impetuosos e que exigem uma tomada de decisão rápida e emocionalmente inteligente.

Em meu modelo de gestão, costumo dizer ao meu time que todos eles são muito importantes para a empresa e para mim também. Costumo ouvir suas ideias, debater temas, trocar ideias. Mas uma coisa todos eles sabem muito bem: eu tomo decisões!

Não sou o tipo de líder que tem medo de assumir uma posição. Após ouvir as opiniões e experiências do time sobre algum determinado assunto, eu as pondero, avalio de forma mais ampla suas consequências e, então, com autoridade, "bato o martelo".

O líder deve agir, pois é isso que se espera dele, concordando ou não com a sua decisão. Uma equipe treinada e madura sabe que é melhor ter um líder que assume a responsabilidade e tem firmeza em suas ações do que um líder que simplesmente deixa as coisas fluírem para ver se irão se resolver sozinhas.

No filme *Limite Vertical,* com direção de Martin Campbell, no ano de 2000, vimos a incrível aventura de uma equipe de alpinistas liderada por uma jovem que enfrenta condições climáticas adversas ao tentar chegar ao cume do K2, a segunda maior montanha do mundo. Depois de uma série de desastres, eles acabam ficando presos na montanha, o que força o seu irmão mais velho, um alpinista experiente, a montar uma equipe de emergência e correr contra o tempo para resgatar os sobreviventes.

Todavia, a parte mais impactante, o ápice da trama, dá-se muito antes quando esses dois irmãos alpinistas estão com seu pai em uma escalada que acaba de forma trágica. O pai, vendo que a corda que os segurava estava se rompendo, toma uma decisão muito difícil. Como líder daquele grupo e consciente das consequências, decide cortar a corda para salvar a equipe ao mesmo tempo em que perde a sua própria vida.

Dar a vida pela equipe parece radical. Obviamente que estamos fazendo uma analogia. Porém, no universo corporativo, o líder deve agir com firmeza, tomando decisões que talvez muitos discordem ou não entendam, mas que ao final salvará todos.

O líder que age assim não é facilmente abalado, conhece sua identidade e não é guiado apenas pelas emoções, mas pela razão também. Esse tipo de líder é confiável e transmite segurança a todos ao

O líder de A a Z

redor, pois a equipe sabe que ele resolverá qualquer pendência. Eles confiam e até descansam com as decisões dele.

Ser um líder firme poderá soar como prepotência, pois o agir com firmeza nem sempre é compreendido pelos demais, principalmente pelos mais liberais ou avessos à subordinação. Geralmente ele é criticado, mas, como vimos anteriormente, conhece sua identidade; logo, não é influenciado pela opinião alheia.

Veja bem. Já aprendemos a diferença entre autoridade e autoritarismo, por isso é importante deixar claro que o líder que age com firmeza não é um jagunço que "manda e a equipe obedece se tiver juízo", mas é um líder que enxerga além da visão, por isso sabe quais estratégias e ações aplicar, e a equipe o segue sem questionar, por livre e espontânea vontade. Além disso, está aberto às opiniões. Mas na hora de agir rapidamente e decidir, sabe o que fazer por instinto.

Atuando como executivo em boa parte de minha carreira, uma das queixas mais comuns sobre os líderes que são bonzinhos demais e abertos a ouvir todos é de que a equipe não sente segurança e não o respeita, justamente por não ter atitude e tomada de decisão. Carlos Jenezi disse também: "Nada mais angustiante para os liderados que a sensação da nau (barco) à deriva e hesitação na tomada de decisão pelo líder".

Agir rápido, fazer o que deve ser feito, "doa a quem doer", e liderar com braço forte são características do líder de A a Z. O dicionário da língua portuguesa afirma que o termo FORTALEZA significa: "qualidade ou caráter de forte, retrata também força moral; firmeza". O líder precisa ser firme.

Cansei de ver diversos líderes, em tempos de crise, esconderem-se atrás dos relatórios, desculpas, ou buscando outros culpados. Tudo para não tomar decisões ou assumir os riscos. Líderes querendo transferir suas responsabilidades a outros, esperando por um anjo salvador que resolva tudo em seu lugar. O problema é que um líder que não toma uma decisão por si mesmo já tomou uma decisão: a de não agir.

A ideia de "ficar quieto no seu canto até a temperatura baixar" não é uma conduta válida para aquele que deseja tornar-se um grande líder. Portanto, se você tem sido omisso com seus deveres de líder, chegou a hora de "comprar a briga" em prol de uma mudança significativa e fazer algo que direcione a

O líder de A a Z

equipe, em vez de deixá-la à deriva, como vimos. Com base nisso, como você diria que está sendo sua atuação como líder? Você tem firmeza para tomar decisões? Pense nisso!

GUARDIÃO:
à frente da batalha

Como é bom ter pessoas inseridas em nossas vidas/carreiras que nos ajudam a resolver problemas, que nos apoiam para solucionar quaisquer questões e ainda nos transmitam a sensação de segurança, estabilidade e a garantia de que tudo ficará bem.

Dessa forma, ter um líder que **guarde** o seu time e **garanta** a estabilidade e constância, numa era tão ágil e apressada, faz-se muito importante. Falando nisso: é justamente sobre a competência do líder guardião, que gera os resultados, mas principalmente que garante o equilíbrio emocional da equipe, que nós veremos a seguir. Acompanhe...

O líder de A a Z

Certamente, você já deve ter ouvido a frase: "Seja calmaria, tem gente demais sendo tempestade". Tal afirmação encaixa-se perfeitamente ao cenário corporativo atual. O líder guardião é um profissional que defende aguerridamente algo ou alguém, no caso a equipe. É um referencial de proteção, de perfil conservador e de extrema afeição.

Ele é aquele em quem a equipe pode seguramente confiar, descansar suas ansiedades e ter a convicção de que o líder guardião estará ali com eles, assumindo a frente da batalha. É aquele sujeito que transmite segurança à equipe, pois, se algo não sair como o esperado, ainda assim cuidará de tudo com inteligência e bom senso. Trata-se de um líder que é dotado de um perfil compreensivo, protecionista e amigável. Mas, quando precisa ser rígido e exercer sua autoridade com autonomia, faz também.

Posso dizer isso por experiência própria: mexeu com meu time, mexeu comigo também. Acredito que aprendi isso com o meu pai. Ele foi sempre um homem muito trabalhador, dedicado à família e à empresa, divertido, mas também muito firme e seguro quando se tratava de defender a família e seu time.

No meu cotidiano, percebo claramente esse mesmo comportamento que acabei modelando de meu pai. Como time, ganhamos, acertamos, erramos ou perdemos juntos, ou seja, não busco culpar alguém da equipe por algo, mas me coloco em primeira pessoa para assumir qualquer situação e especialmente aprender e corrigir para que não volte a acontecer.

Costumo dizer ao time: vamos cometer novos erros, mas não podemos aceitar conviver com erros do passado que não tenhamos aprendido. É como aquela história dos soldados que, ao chegarem a um determinado lugar para uma batalha, deparam-se com uma ponte em um abismo e têm que atravessar para o outro lado. Após passarem por aquela situação de risco, talvez até perdas, o general manda colocar fogo na ponte para que ninguém possa mais voltar atrás. É isso que devemos fazer com os erros e tropeços que podem suceder ao longo de nossa jornada: não podemos recuar e aceitar que os mesmos aconteçam novamente, mas devemos seguir em frente, mesmo que tenhamos que atravessar novas pontes (desafios).

Posso garantir, por experiência própria, em mais de 20 anos de vida corporativa, que um líder que está junto com o seu time no campo de batalha (no dia a dia), assume a responsabilidade e protege a equipe obtém melhores resultados.

O líder de A a Z

Um estudo realizado pelo professor e pesquisador do Programa de Estudos do Futuro (Profuturo) da Fundação Instituto de Administração Alfredo Behrens mostrou que o que mais faz a equipe ter sucesso é a união de um líder com seu time. Para Behrens, "a preferência por esse estilo de liderança é predominante no Brasil".

O líder guardião consegue aplicar uma gestão efetiva, uma vez que sabe lidar com a inteligência emocional dos colaboradores e suas necessidades psíquicas. A explicação pela preferência por esse estilo de liderança dentro das corporações no Brasil dá-se pelo fato de que mais de 5,5 milhões de colaboradores não tiveram o reconhecimento da paternidade na certidão de nascimento. Dessa forma, tendem a transferir a necessidade de segurança, consolo e amizade a uma pessoa de sua confiança e que exerça liderança sobre eles.

Segundo dados colhidos pelo IBGE (Instituto Brasileiro de Geografia e Estatística), em 2015 o Brasil registrou mais de 1 milhão de famílias formadas por filhos sem pais. O líder guardião assume parte dessa responsabilidade ao treinar, liderar e capacitar esses filhos (desprotegidos) para uma condição de proteção, amizade e acolhimento.

O líder de A a Z com as características da letra G do alfabeto entende a sua missão (*ikigai*). Assim, não se importa em ter participação nessa construção emocional de confiança, autoestima e aceitação do colaborador. Líderes despreparados, imaturos e omissos tendem a dizer que essa competência não é de sua alçada. Mas, quando entendemos a nossa paixão, talento, habilidade e missão de vida, compramos a causa.

A minissérie *Segunda Chamada*, exibida na Rede Globo, em horário nobre, retrata exatamente essa realidade de liderança. A trama aborda assuntos voltados ao ensino noturno de jovens e adultos da Escola Estadual Carolina Maria de Jesus, onde o diretor Jaci e os professores – Lúcia, Eliete, Marco André e Sônia – seguem determinados a mostrar aos alunos de diferentes idades e perfis o poder de transformação social através da educação. Entretanto, para isso, acabam envolvendo-se em suas vidas pessoais, sendo bem mais que meros professores, mas verdadeiros exemplos de humanidade, parceria e liderança.

Embora toda função tenha um código de ética a ser cumprido, a neutralidade nem sempre gera resultados satisfatórios, muito menos profissionais emocionalmente inteligentes, qualificados, preparados e confiantes. À vista disso, para toda regra sempre há uma exceção.

O líder de A a Z

O líder guardião garante o crescimento de seus liderados porque tem isso como uma de suas metas de vida: gerar sucessores, formar outros líderes. Sua recompensa não acontece apenas pela remuneração mensal, mas pela honra de ver seus liderados realizados na carreira. Esse é o caso do grande Sir Ernest Shackleton que, por questões de vida ou morte, precisou deixar de lado a ética e ser um verdadeiro líder da tripulação Endurance.

A revista *Galileu*, edição 96, relatou: "Sir Ernest Shackleton e seus 27 companheiros da Expedição Imperial Transantártica, iniciada em 1914, foram os protagonistas de uma das mais impressionantes sagas de luta pela sobrevivência já vivida pelo homem".

Quando Shackleton adquiriu o navio, batizou-o de Endurance, que significa resistência, paciência, duração. Nada mais premonitório. Nem de longe poderia imaginar o quanto iriam desesperadamente precisar desses predicados. Ao tentar desembarcar na Antártica, o navio ficou preso em um imenso banco de gelo e foi arrastado por correntes marinhas, desviando-se de sua rota. O resultado foi quase dois anos de isolamento na imensidão polar, enfrentando a fome, o frio de muitos graus abaixo de zero e ventos cortantes, mas graças à liderança e coragem de Shackleton, todos sobreviveram.

O líder precisa ser como Shackleton e os professores da Escola Carolina Maria de Jesus: verdadeiros guardiões. À vista disso, qual a sua opinião sobre o nível de intimidade que o líder pode ou deve ter com seus liderados?

HONESTIDADE:
alinhamento do discurso com a prática

O líder deve ser **honesto**! Convenhamos, ter um líder que administre a equipe com honestidade é um elemento fundamental. Praticar uma liderança pautada em princípios é um dos grandes pilares de qualquer profissional bem-sucedido.

O líder de A a Z é aquele que age com honestidade e sabe trazer *feedbacks* autênticos, objetivos e transformadores aos seus colaboradores. É aquele que prefere apontar uma "verdade feia" do que uma "mentira bonita".

Ele é honesto em todos os sentidos, até mesmo para ensinar, corrigir e provocar uma crise de consciência. O líder dá garantias de que, quando os ciclos ficarem problemáticos, escassos e difíceis (porque tempos assim virão), estará no barco, remando com a equipe.

É o tipo de líder que, se o colaborador está tendo resultados negativos, condutas equivocadas ou falta de produtividade, com honestidade "joga as cartas na mesa" a fim de recuperá-lo e não simplesmente descartá-lo.

Certa ocasião, eu ouvi algo interessante que dizia o seguinte: "Precisamos parar de querer descartar membros da equipe, e sim começar a recuperá-los". Pensando nisso, decidi elaborar este conteúdo.

Quando treinamos e capacitamos a liderança de nossa organização, tudo fica mais leve e suave. Afinal, ter uma liderança que "caminha junto" com a equipe para o que "der e vier" sem desistir dela é um dos fatores que leva o time ao sucesso.

Quem não gosta de encontrar no líder um apoiador, mestre, guia, professor, treinador e aglutinador, como bem ensinou Robert Dilts em sua teoria sobre *Os Setes Processos dos Níveis Evolutivos?* Aqui vale contar minha experiência pessoal vivida nas empresas por onde passei.

Não sei se por destino, sorte ou azar, mas, invariavelmente, em todas as empresas em que fui contratado para um cargo de gestão, recebi o seguinte recado de meus superiores: esta é sua equipe. Você tem carta branca para fazer as mudanças que julgar necessário, mas quero falar com você a respeito de fulano ou ciclano. Aquele ali, provavelmente terá que demitir porque não vem desempenhando um bom trabalho ou porque tem problemas comportamentais etc...

A história sempre foi a mesma. Meus antecessores não tiveram coragem para tomar decisões e depois a árdua tarefa de demitir alguém acabava comigo. O fato é que, em todas as vezes que isso ocorreu, eu me prevalecendo da tal "carta branca" para mudar o time, fiz exatamente o contrário do que se esperava, e posso garantir a você que em todas essas ocasiões fui capaz de contornar a situação e recuperar o colaborador, que outrora era considerado como uma "carta fora do baralho".

Por que isso aconteceu? Simplesmente porque as pessoas, e especialmente os líderes, muitas vezes têm medo de serem honestos, de praticarem o *feedback* ativo e terem de fato o desejo de recuperar um colaborador que esteja com um mau desempenho ou comportamento.

Acredito que tudo pode e deve ser dito ao outro, mas a grande diferença está na forma como se fala, na objetividade e, especialmente, no intuito do comunicador. Quando converso com um colaborador, e garanto que faço isso muitas vezes, ele sabe exatamente sobre o que conversamos, qual fato ocorreu ou está ocorrendo, seus impactos, e ninguém sai de uma reunião comigo sem assumir um compromisso. Fazemos um pacto! É isso que falta em muito líderes hoje em dia. Eles não aplicam *feedbacks* constantes e, quando o fazem, o colaborador não entende se levou uma bronca ou se foi elogiado.

No livro *O monge e o executivo*, o autor James Hunter escreve que "liderar é fazer a coisa certa para as pessoas confiadas a você". E, para mim, a coisa certa é ter atitude, bondade, capacitar, ter determinação, entusiasmo, firmeza, ser um guardião e honesto.

Temos aprendido, e não é de hoje, o quanto o cenário corporativo vem se transformando, dando maior ênfase ao capital humano. Em vista disso, priorizar o resgate da essência de cada colaborador, a descoberta de seu talento, e provocar a produtividade são tarefas a ser implantadas pelos líderes. O líder deve ser transparente, claro, objetivo e não fazer "rodeios" para expressar melhorias. Ele "joga limpo" e faz questão de ensinar, capacitar e caminhar junto com a equipe.

Abílio Diniz, Jorge Lemann, Walt Disney e Gandhi, entre outros, são verdadeiros exemplos de líderes com L maiúsculo. Para eles, não havia tempo ruim, justificativas, protelação ou "corpo mole"; eles simplesmente faziam com maestria seus papéis como líderes.

O líder de A a Z entende que desenvolver pessoas demanda tempo, dedicação e empenho. Por isso, é paciente em acompanhar o processo de desenvolvimento de cada um, sem desacreditar, subestimar ou simplesmente demitir, como é de costume de diversas empresas e líderes despreparados.

Ter uma equipe de sucesso não acontece da noite para o dia. Do mesmo modo que o líder precisa de tempo para construir uma equipe produtiva e rentável, também entende que cada colaborador tem seu "*timing*" (tempo) para evoluir. Por isso, continua sendo um apoiador.

Em outras palavras, o líder tem que ser o primeiro a acreditar na capacidade de sua equipe, mesmo que ela não tenha credibilidade, não seja levada em conta ou mesmo quando apresente grandes chances de falhar. Afinal, trabalhar com uma equipe pronta e preparada traz quais méritos à liderança? Nenhum!

Além de ser honesto, o líder deve ser "*hands-on*", que significa "mão na massa" ou "pau para toda obra". O verdadeiro líder pratica aquela frase engraçada, mas ao mesmo tempo tão verdadeira: "Tamo junto". Estar

O líder de A a Z

junto não diz respeito apenas a estar fisicamente no mesmo ambiente, mas sim em participar efetivamente e dar a devida atenção para a equipe.

Você já deve ter ouvido falar sobre "tempo de qualidade", não é mesmo? Não se trata do número de horas em que passa com alguém, mas sobre a qualidade desse tempo juntos. O líder precisa colocar em sua agenda diária tempos de qualidade para dedicar-se à equipe, seja de forma coletiva, seja individual.

Não adianta dizer que está junto, mas quando alguém precisa falar com o líder, ele não tem tempo ou, pior, atende o liderado, mas continua no computador ou fazendo qualquer coisa, e não dá a devida atenção ao mesmo.

Por vezes, o líder terá diante de si somente improbabilidades, mas, trabalhando junto com o time e tendo uma boa estratégia, poderá transformar essa equipe. Esse líder é aquele que não só manda, mas também participa. Ele não alimenta as aparências, mas se suja na produção; se precisar, tira a gravata e coloca as mãos na massa também.

Para o verdadeiro líder, não tem "mi, mi, mi". Ele é dotado de coragem, ousadia e conhece sua identidade. Ele é do perfil que "mata a cobra e mostra o pau", "não dá o peixe, mas ensina a pescar". Ele não tem melindres, não se importa em misturar-se com a equipe e fazer o trabalho duro. Ele está junto para o que der e vier. Um líder que tem iniciativa! E aí, você diria que é um líder com essas qualidades?

INTERESSE:
influenciar para conquistar

osto de fazer uma analogia da liderança com um encontro amoroso. Com a finalidade de conquistar a pessoa desejada, o indivíduo (líder) mostra grande **interesse** em tudo o que é dito pela outra parte (equipe). Ele é paciente em ouvir diversas histórias, em encontrar soluções e sorrir encantadoramente. Ele é gentil, atencioso e persuasivo, pois seu objetivo é conquistar a outra parte, por isso demonstra grande interesse. Dessa forma, ele atinge seu objetivo.

Agora imagine o contrário. Com a finalidade de conquistar a pessoa desejada, o indivíduo (líder) só falasse de suas próprias ideias, seus desejos e imposições. Suponha que ele não escutasse a outra parte e se mostrasse egocêntrico. Certamente, essa conexão falharia.

Na obra *Os princípios do sucesso*, o autor Jack Canfield enfatiza a importância de relacionar-se. Por isso, um dos pontos fundamentais para uma liderança bem-sucedida, em qualquer nível de atuação, está na capacidade que o líder tem em ouvir e comunicar-se com sua equipe, pois só assim poderá influenciar os mesmos.

O líder de A a Z deve ser alguém que influencia positivamente a sua equipe, interessa-se genuinamente pelas pessoas e, consequentemente, torna-se interessante para as mesmas a ponto de o seguirem.

Devido à globalização e à evolução tecnológica que nos empurra a um modelo de mercado extremamente exigente, volátil e transformador, vemos "líderes" cada vez mais preocupados com a sua própria *performance* em vez de estarem interessados por sua equipe e individualidades.

A fim de ser um líder moderno, você precisa, antes de tudo, ser interessado em ouvir, conhecer as dores dos colaboradores e suas necessidades para então poder influenciá-los de maneira positiva. Por isso, ser egoísta, voltado aos próprios interesses, não funciona no universo da liderança moderna.

As organizações, funcionários e parceiros anseiam por líderes interessados em ouvir, que levem em conta outras ideias e perspectivas, saibam compartilhar soluções conjuntas e que apliquem a inteligência emocional acima de tudo. Saber ouvir ativamente, dando ao colaborador o privilégio de sua atenção, exige que o líder deixe de ser o centro das atenções para interessar-se pelo que o outro anseia, sente e pensa. O líder deve ter empatia.

Como líder, dedico parte de minha agenda a ter conversas com meu time, sejam em grupo, sejam individuais. Esses encontros não têm o intuito de discutir nenhuma atividade em específico da empresa ou do colaborador, mas sim para realmente conversar, ou seja, falar e ouvir.

Tenho com meu time um nível de confiança que foi construído e é mantido durante toda a trajetória de trabalho junto com essa equipe. Costumo dizer a esses colaboradores que nesses momentos eu retiro o chapéu do executivo, diretor, chefe ou qualquer outro cargo para ser simplesmente o Marcelo, um colega de trabalho, amigo e mentor, talvez, pois minha intenção nessas ocasiões é servir a cada profissional do meu time, identificando a pessoa por trás do crachá ou do cargo. Procuro saber quais os seus sonhos, suas aspirações, seus desejos e como posso fazer para ajudá-la a atingir os seus objetivos.

Lembre-se de que esse momento em nada se parece com os encontros de *feedback,* que possuem outro propósito e estrutura. Aqui estamos falando de dois seres humanos, colegas de trabalho, que buscam ajudar-se, criar conexões, pontos em comum e, especialmente, confiança.

O líder que deseja influenciar sua equipe deve antes de mais nada construir CONFIANÇA, RESPEITO e EMPATIA. Um líder que escuta sua equipe, assim como seus anseios e dificuldades, está pronto para influenciá-la, estando mais do que nunca ligado à motivação do time e o persuadindo a atingir as metas.

No ano de 1999, o grande sucesso de bilheteria *Coach Carter - Treino para a Vida* retratou as características de um líder interessado e influenciador. Um filme emocionante que revela bastante ousadia por parte do líder. Com a finalidade de colocar o time de basquete em forma, o treinador primeiramente observa as dificuldades do time, ouve-o e, depois, como um bom influenciador, inicia sua meta de fazer com que os jovens sejam vencedores tanto na escola, quanto nas quadras.

O líder é aquele que funciona como um aglutinador de talentos, que descobre competências e habilidades na equipe, que ela sequer imaginava possuir, como já mencionamos anteriormente.

Oriente seu time sempre! A palavra orientador significa aquele que conduz; que estabelece as diretrizes para o funcionamento de algo; dirigente, diretor. Quem orienta, direciona; conduz, guia.

Com tantas evoluções, o perfil das organizações também evoluiu e, por isso, vemos empresas oferecendo ambientes mais receptivos, acreditando em novas políticas motivacionais bem mais flexíveis do que há dez anos, por exemplo. Quando uma nova vaga para liderança surge, a busca é sempre por líderes autônomos, capazes de avaliar cenários e encontrar caminhos alternativos. É preciso identificar um líder, capaz de correr riscos e que tenha visão estratégica-analítica, além de assertividade e habilidade tática. As organizações estão fartas de líderes que não orientam sua equipe, que não guiam tampouco dão diretrizes a ela.

Mike Murdock disse: "Uma meta fora do comum exige um orientador fora do comum. É muito importante que o líder seja um guia e facilitador do aprendizado de seus liderados, de forma personalizada, sabendo orientar cada um conforme sua necessidade".

Rosalynn Carter, ex-primeira-dama americana, disse: "Um líder leva pessoas para onde elas querem ir. Um grande líder leva pessoas aos lugares em que elas não necessariamente querem ir, mas deveriam ir". Como consequência, o líder que se interessa e que influencia sua equipe acaba tornando-se um líder interessante. Afinal, "quem não mostra interesse passa a ser desinteressante" (Autor desconhecido).

Diante de tantas percepções, transformações e evoluções, o líder é alguém que influencia. Além de adotar os novos conceitos e tendências, leva todos ao seu redor (equipe, amigos, familiares) a seguir suas ideias e preparar-se para o futuro também. Na verdade, muitas vezes ele mesmo constrói esse futuro com o qual sonhou.

Para encerrar, veja o que Albert Schweitzer disse sobre liderar: "O exemplo não é a coisa principal em influenciar os outros. Ela é a única coisa!". O líder que se interessa pela equipe torna-se interessante para ela e isso traz reflexos positivos para a organização. Como tem sido o seu interesse pelo time? Pense nisso!

JUSTIÇA:
promoção de ambientes seguros

No universo corporativo, há dois tipos de líder: os bons, que fazem a equipe segui-los, e os ruins, que fazem os colaboradores oporem-se às suas ideias e direcionamentos, ainda que inconscientemente.

E como ser um líder capaz de fazer a equipe segui-lo por livre e espontânea vontade? Simples: sendo **justo**. Algo que você aprenderá a partir de agora neste capítulo, onde abordarei a característica com a letra J.

O líder que age com justiça não força os funcionários a segui-lo; ele simplesmente os convida para uma jornada. Ele não faz o tipo "boa praça", que "topa tudo" e "passa a mão na cabeça" de quem cometeu um deslize. Pelo contrário, ele atua com honestidade e retidão, aplicando o *feedback* ideal para cada ocasião, agindo com neutralidade e sem fazer acepção de pessoas.

Importante fazer aqui uma citação sobre a liderança situacional, onde temos quatro quadrantes, ou melhor dizendo, quatro perfis de maturidade profissional que servem para que o líder possa identificar como estão subdivididos os profissionais de sua equipe, e assim liderá-los de acordo com as necessidades ou capacidades de cada um.

Guarde esta frase: não há nada tão desigual do que tratar todas as pessoas de forma igual. Digo isso, pois agir com justiça não significa tratar todos de forma igual, pois ninguém é igual a ninguém.

Obviamente que todos devem receber os mesmos direitos trabalhistas, ter acesso às oportunidades e serem respeitados. Mas, quando se trata de trabalho, cada profissional está em um momento de vida e maturidade distinta; logo, não posso delegar um trabalho crítico para alguém que acaba de entrar na empresa ou inicia a sua carreira. O mesmo vale para aquele que já tem muita experiência, a quem devo conceder mais desafios e oportunidades, para que siga em seu crescimento.

Tudo tem o seu momento: alguns SIMs e outros NÃOs. O líder justo sabe dizer "não" quando necessário e sustenta suas decisões, ainda que ninguém concorde. Mais adiante você verá um caso incrível sobre não concordar com o líder num primeiro momento, mas depois perceber que foi a melhor opção.

Ao contrário de um líder injusto que sempre carrega sozinho a fama pelo bom desempenho da equipe e que mal pensa nas necessidades dos liderados, ele divide a fama e compartilha o sucesso, sempre visando o bem comum da equipe e olhando para as necessidades de seus colaboradores.

Napoleão Bonaparte disse: "Um líder é um vendedor de esperança, pois sabe valorizar, impulsionar e motivar a equipe rumo ao crescimento". O líder moderno presta atenção nas contribuições e ideias da equipe, avalia as opções, prioriza os processos e jamais promove pessoas por preferência. Ainda que sinta maior afinidade por determinados colaboradores (o que é natural), ele sempre utiliza de sua inteligência emocional para não ultrapassar os limites, sendo mais generoso com uns do que com outros.

O verdadeiro líder sabe discernir o profissional que já está preparado daquele que ainda precisa de desenvolvimento, por isso lidera cada um conforme

O líder de A a Z

sua situação e momento profissional. Ele busca servir à sua equipe promovendo um ambiente de ampla comunicação, colaboração e suporte a todos à sua volta. Afinal de contas, segundo James Hunter, em seu livro *O monge e o executivo*: "Quem quiser ser líder deve ser primeiro servo.... Se você quiser liderar, deve servir".

Certa ocasião, precisávamos de provedores para ter acesso à *Internet*. Havia uma supervisora de *call center* taxada de imponente pela equipe. De 30 liderados, dez deles foram escolhidos para vender planos de antivírus para clientes que utilizavam esse provedor. Foi quando, então, um colaborador em especial pediu a essa supervisora que o retirasse das vendas do programa de antivírus e o colocasse junto aos demais nas vendas de provedores apenas, uma vez que vender antivírus era uma tarefa um pouco mais exigente.

A líder, bastante confiante (por isso taxada de imponente), negou o pedido, pois para ela (visão de águia) o colaborador tinha grande potencial. Dito e feito. Após ter resmungado um pouco com seus colegas devido à recusa da supervisora, tempos depois ele era o primeiro da lista, com mais de 300 programas de antivírus efetivados por mês.

Sabe por que ele se tornou o número um de todo o grupo? Porque sua líder teve a habilidade de conseguir com que fizesse o que não queria fazer, sendo que depois acabou adaptando-se, gostando e, por fim, atingindo resultados extraordinários. Essa supervisora agiu com muita precisão e uniformidade. Se não o tivesse feito, certamente esse colaborador não teria atingido o *pódium* das vendas de antivírus.

John Quincy Adams disse: "Se suas ações inspiram outros a sonhar mais, aprender mais, fazer mais e tornar-se mais, você está no caminho correto". Você se julga um líder justo? Como tem lidado com as diferenças entre seus colaboradores? Será que tem dado mais atenção para alguns do que para outros? Pense nisso!

KEEP CALM:
siga em frente

A marca é simples e conhecida mundialmente. Em um fundo vermelho, uma coroa é estampada com a mensagem "*Keep calm* and carry on" ("Mantenha-se calmo e siga em frente"). Tudo que o líder de A a Z precisa para atuar nos tempos atuais.

Mas que tempo é esse, Marcelo? O tempo das novas gerações, da diversidade, da volatilidade, da tecnologia, da globalização e de tantas outras mudanças acontecendo ao mesmo tempo.

Na década de 1940, fase em que a Inglaterra uniu-se às tropas aliadas para guerrear contra o exército alemão durante a 2º Guerra Mundial, o governo inglês resolveu imprimir imagens para tranquilizar e acalmar a população que estava tomada pelo conflito e o medo. A ideia foi imprimir três cartazes com as seguintes mensagens:

1. "Sua coragem, sua alegria e sua determinação vão nos trazer a vitória".

2. "A liberdade está em perigo. Defenda-a com toda a sua força".

3. "*Keep calm and carry on*" (Mantenha-se calmo e siga em frente).

Embora as frases tenham sido elaboradas há muito tempo e por questões da guerra, elas ainda são bastante atuais. Observe, também, que o líder de A a Z precisa aplicar a sua coragem, sua alegria e sua determinação para trazer a vitória, tanto para a equipe, como para a organização e para si mesmo.

Além disso, devido a tanto desrespeito, preconceito e desvalorização da diversidade na questão racial, religiosa, sexual e de gênero, o líder precisa "*keep calm*" (manter-se calmo) e defender as diferenças e a liberdade com todas as suas forças.

Mas não para por aí...

As mudanças tecnológicas, a crise econômica e o universo VUCA (um acrônimo de quatro elementos: Volatilidade, Incerteza, Complexidade e Ambiguidade) empurram-nos a transformações abruptas e, por vezes, prematuras. Por isso, manter-se calmo e seguir em frente é o lema do líder de sucesso.

Diante de tantas receitas, técnicas e gurus que exploram a liderança bem-sucedida, fica bastante difícil saber verdadeiramente o que é ou como liderar uma equipe com maestria. Mas uma conduta que não sai de moda é manter-se calmo e não desistir. Inclusive, esse lema é um dos principais da inteligência emocional: manter-se tranquilo diante de qualquer cenário.

Obviamente, não vivemos dias bons constantemente. Há dias em que mesmo o líder não estará de bom humor, estará cansado, pressionado por um trabalho ou resultado; enfim, muitas coisas podem acontecer. Mas eis aqui o grande segredo: o líder precisa saber filtrar aquilo que recebe, como um catalisador que retém as impurezas e só permite passar aquilo que realmente é necessário para a continuidade do processo.

Lembra-se da liderança situacional que mencionei anteriormente? Seus colaboradores não possuem a mesma maturidade que você; portanto, é preciso sabedoria ao receber certos tipos de pressão e como irá transformá-las em combustível para que o time reaja de forma positiva a qualquer situação que esteja enfrentando. Não se trata de mentir ou omitir, mas simplesmente de o líder não levar uma bronca e acabar descontando na equipe, por exemplo.

Costumo dizer, existem dois tipos de líder: o termômetro e o termostato. Você sabe qual a diferença entre eles? O termômetro mede a temperatura de uma pessoa, objeto ou mesmo um ambiente e se adéqua à temperatura mudando sua forma (expansão do mercúrio no caso dos termômetros mais antigos).

Já o termostato, apesar de também medir a temperatura, faz algo mais: ele define a temperatura que deseja manter no ambiente e muda a situação (se está quente, torna-o frio; se está gelado, aquece-o).

O líder deve ser como o termostato: pode estar tudo um caos, mas ele é aquele que chega, mede a temperatura (entende a situação) e regula o ambiente (mantém todos calmos, motivados e produtivos).

Se o líder agisse como um termômetro, teríamos incêndios ou estados febris o tempo todo, pois, em vez de controlar o ambiente, ele seria o primeiro a colocar fogo na lenha e tornar o problema ainda pior.

O líder deve promover a paz e um ambiente saudável para que seus liderados ofertem o melhor de si na execução de suas demandas e contribuam efetivamente para o alcance de resultados incríveis. Uma vez que forem consultados e chamados para participar de forma estratégica dos processos organizacionais, eles se sentirão mais valorizados e irão engajar-se ainda mais para ajudar o líder e a empresa no alcance das metas e objetivos estabelecidos.

Lembre-se de que seus liderados espelham-se em você: um líder que nunca tem tempo para ouvir, auxiliar e desenvolver é um líder falho na gestão de pessoas e criará a cultura do "não tenho tempo". O bom líder é aquele que está preparado para resolver problemas com rapidez, aumentando sua produtividade e diminuindo o seu estresse e de sua equipe.

Permanecer tranquilo e caminhando (seguindo em frente) mesmo em meio a tanto *stress*, pressão e cobrança, e ainda motivar o pessoal, para que também mantenha o equilíbrio emocional e as esperanças, foi o que os líderes da década de 1940 fizeram frente à guerra.

O líder de A a Z não deve deixar transparecer sentimentos negativos ou preocupações, pelo contrário, deve provocar a equipe a acreditar que dias melhores virão. Certamente que o governo da Inglaterra temia ser derrotado pela Alemanha, mas, ainda assim, foi perspicaz ao criar imagens que motivavam a população e a instigavam a lutar com honra e fé. Eis aqui a missão do líder: *keep calm* – o líder deve manter a calma e seguir em frente! Você se considera uma pessoa calma?

LIFELONG LEARNING:
aprendizagem contínua

Já ficou mais do que claro o quanto os modelos de liderança de antigamente não funcionam mais para o cenário atual em que vivemos. Numa era em que tudo se transforma com muita Volatilidade (*Volatility*), Incerteza (*Uncertainty*), Complexidade (*Complexity*) e Ambiguidade (*Ambiguity*): Mundo VUCA, é necessário que os líderes continuem evoluindo, aprendendo diariamente e adotem novas abordagens, pensamentos e comportamentos, especialmente neste momento em que vivemos na indústria 4.0, ou se preferir, na 4ª Revolução Industrial.

Você já ouviu falar em **_lifelong learning_**? O *lifelong learning* parte de uma premissa muito simples: o aprendizado não tem data para acabar. Mesmo depois dos diplomas, do ensino básico, da faculdade ou da especialização, por exemplo, é necessário adotar uma postura aberta ao conhecimento.

O termo, quando traduzido livremente para o português, significa algo como "aprendizado ao longo da vida". Na prática, pressupõe que nunca é tarde demais para aprender algo novo. E por falar em aprender, que tal recordarmos um pouco sobre a História?

A 1ª Revolução Industrial aconteceu após a Primeira Guerra Mundial, quando se substituiu a força braçal por máquinas a vapor. A evolução trouxe mais qualidade às produções, permitindo que alguns países se desenvolvessem mais do que outros e empresas tivessem um crescimento financeiro.

No ano de 1913, já com a descoberta da eletricidade, o grande Henry Ford inventou a revolucionária linha de montagem, uma grande inovação para aquela época e que facilitou a produção de veículos em série. Era a 2ª Revolução Industrial.

Já a 3ª Revolução chegou juntamente com os computadores e a Era da *Internet*, que abriu as portas para a globalização, em que muitas empresas deram um salto gigantesco.

Seguindo com os avanços tecnológicos, surge então a Indústria 4.0, ou se preferir, a 4ª Revolução, em que se destacam a inteligência artificial, o uso de robôs e máquinas inteligentes e novas metodologias de trabalho como *design thinking*, entre outras. É uma junção de máquinas, sistemas inteligentes e tecnologias que facilitam o nosso dia a dia e das empresas.

Pois bem! Todos esses avanços começaram pelas mãos de pessoas que não pararam de aprender e aprimorar seus conhecimentos e, por isso, foram tidas como loucas em sua época, mas aplicaram o conceito do *lifelong learning* em suas vidas e, assim, foram responsáveis por tantos avanços.

É justamente aqui que o líder de A a Z entra em cena com novas condutas e estratégias de liderança. O líder moderno deve levar em consideração tudo o que está acontecendo em termos de Indústria 4.0 para manter-se atualizado e aplicar os benefícios desses avanços em sua forma de gestão, para obter melhores resultados para sua equipe e empresa.

Dessa forma, os líderes precisam continuar desenvolvendo-se, e muitas vezes também terão que desaprender algumas coisas (crenças, hábitos e forma de gestão) para então reaprender novas formas de realizar as atividades e também liderar seus colaboradores.

Deixe-me lhe dizer uma coisa: mesmo depois de ter formado-me na graduação, continuei estudando. Fiz

O líder de A a Z

pós-graduação pela Fundação Getulio Vargas (FGV) e um MBA pela La Salle University, na Filadélfia, EUA. Além disso, estudei idiomas, pois entendia que, para ser um grande executivo em uma multinacional, falar outro idioma seria imprescindível, como de fato é.

Hoje falo português, inglês e espanhol praticamente todos os dias em meio a diversas reuniões com colegas e parceiros de negócios de diversos países. Além disso, sigo incansavelmente estudando o tema liderança, no qual me tornei um especialista.

Já fiz diversos cursos nos Estados Unidos, Espanha e Colômbia, já li mais de uma centena de livros e não pretendo parar. Agora mesmo, ao escrever este, estou lendo outros dois e estudando sobre Neurociência e o gene da liderança, sobre o qual falarei em meu próximo livro. Aguarde...

Nunca pare de estudar e aprender algo novo todos os dias! A importância do *lifelong learning*, portanto, reside na habilidade de se antecipar, acompanhar e corresponder às transformações do mundo, do mercado e da sociedade. Trata-se de imergir nas tendências, nas tecnologias e nas novidades do mercado, sem deixar de lado *skills* comportamentais que são fundamentais.

É possível que, ao estar à frente do seu tempo, ser criativo ou imaginativo, o líder seja rotulado como um louco; porém isso não tem nada a ver com o conceito de insanidade, mas sim em adotar medidas que muitas vezes serão pioneiras na hora de guiar a equipe. Trata-se de usar abordagens, ferramentas e estratégias inusitadas – coisas que a maioria talvez não ousaria utilizar por serem consideradas justamente loucas.

Ao longo da História, tivemos representantes honrosos e dignos de muito reconhecimento. Mas saiba que bons líderes já tiveram uma pitada de loucura. Veja alguns exemplos. Voltemos então ao caso do imperador da China, Zhengde, que gostava de fantasiar situações. Ele brincava de faz de conta, uma técnica bastante estranha para a sua época.

Zhengde preferia viver no mundo da fantasia a encarar o fato de que estava à frente de um gigantesco império que deveria comandar. Ele chegou a construir uma cidade falsa no jardim do império, onde ele fingia ser um lojista, para que pudesse experimentar como seria a vida cotidiana do seu povo.

Outro de seus devaneios foi criar um personagem com o nome de Zhu Shou. Imagine a situação de seus liderados tendo que fingir que não estavam falando com o imperador em pessoa, mas sim com uma pessoa comum usando uma peruca. Enfim, não importa seu jeito louco de liderar, o fato é que ele foi um grande imperador da China.

Outro exemplo atual é do empresário Senor Abravanel, mais conhecido como Silvio Santos. Ele, sem dúvida alguma, é um grande líder, empreendedor e artista, quer você goste ou não de assistir ao seu canal de TV.

Tive a oportunidade de visitar o SBT há alguns anos e achei bastante curiosa a forma como o Sr. Abravanel dividia-se entre o empresário e o artista Silvio Santos. Além da própria caracterização do artista, até sua vaga no estacionamento era diferente quando ele estava no papel do artista Silvio Santos ou na posição de presidente, empresário e líder desse grande grupo. Para alguns, talvez um louco, mas, sem dúvida, uma pessoa brilhante, a quem admiro muito.

Mas voltando ao nosso contexto do líder de A a Z, nos capítulos anteriores, mencionei a importância do líder ter atitude, ser bondoso, capacitar o time, mas, ao mesmo tempo, ter firmeza para poder exercer sua liderança, e agora quero convidá-lo a incluir uma pitada de loucura em sua forma de gestão.

Utilize toda sua *expertise* e ouse fazer diferente para, então, fazer a diferença! Que tal transformar seu estilo de liderança, buscar novos olhares para solução de problemas e criar equipes mais loucas (ousadas, criativas, produtivas e livres)?

MOTIVAÇÃO:
a força que move um time

Um dos maiores exemplos de liderança, em minha humilde opinião, que é apoiada pelo Dr. Augusto Cury, neurocientista, psiquiatra, professor e escritor brasileiro, é Jesus Cristo. E isso nada tem a ver com religião, mas um modelo de liderança exemplar. Acompanhe...

Segundo a história, após pescarem a noite toda sem conseguir apanhar um peixe sequer, os pescadores estavam exaustos, desanimados e mal-humorados. Imagino que só queriam chegar às suas casas, arrancar suas botas velhas, lamentar o ocorrido, enfrentar a cara feia das esposas e irem dormir...

Mas Jesus, como um bom líder **motivador**, abordou-os antes que descessem do barco e os impulsionou a jogar a rede outra vez, mesmo estando cansados, frustrados e sem esperança, só que agora do outro lado (o líder de A a Z é capaz de persuadir sua equipe e fazê-la acreditar em resultados que ela ainda não enxerga). Pedro, um dos pescadores, disse: "Mestre, pescamos a noite toda e não pegamos nada, mas, conforme a tua orientação, faremos o que diz" (Lucas 5:5).

Uma equipe pode virar o jogo nos 45 minutos do segundo tempo quando tem um líder motivador. Michael Jordan fala sobre isso na série *Arremesso final*.

Fundado em 1961, o Chicago Bulls era somente mais um time na liga de basquete mais competitiva do mundo até 1984. Sem nenhum título, colecionava fracassos. Era saco de pancadas de outras equipes e também de comentaristas que já davam como certa a derrota independente do adversário. Ninguém no estado de Illinois queria saber dos Bulls. Mas naquele ano de 1984 um jovem da Carolina do Norte, selecionado numa terceira escolha do *Draft* (cerimônia na qual os times da NBA escolhem os melhores calouros para jogar), agitou Chicago. E mudou para sempre a história do time e do esporte.

Sob o comando do novato Michael Jordan, que mais tarde viria a ser um dos maiores astros do esporte americano e mundial, os Bulls conquistaram dois tricampeonatos (91-92-93 e 96-97-98) num espaço de oito anos, estabelecendo uma dinastia pavimentada com muito suor, frustração, conflitos e superação.

Isso só foi possível porque um jovem não acreditou no *status quo* e, por meio de seu modelo, foi capaz de mudar a história daquele time. Ele foi o grande motivador para que toda a equipe (jogadores e comissão), assim como a cidade, passasse a acreditar que era possível, ele fez o que precisava para se sagrar campeão e deixar um grande legado.

Dizem que ninguém pode motivar ninguém, mas isso é bastante discutível. O fato é que, se o líder agir de forma positiva e seu discurso coincidir com suas ações, certamente isso motivará os colaboradores a espelharem suas ações, ou seja, modelarem. A modelagem nada mais é do que buscar características e comportamentos de alguém e tentar replicá-los em sua vida. Se o líder se torna uma referência positiva para o seu time, logo passarão a segui-lo e tê-lo como exemplo.

Mas voltando à história dos pescadores... Quando, então, os pescadores puxaram as redes, mal podiam acreditar. As redes estavam tão cheias de peixes que eles quase não aguentavam puxar. Os pescadores, que noutrora iriam voltar para casa de mãos abanando, agora chegariam com suas metas atingidas, tudo porque o líder teve a visão, impulsionou os demais e lhes mostrou que "desistir não era uma opção".

Jesus Cristo verdadeiramente é um modelo perfeito do líder de A a Z (quando o líder é um bom modelo, consequentemente ele se torna merecedor do respeito e confiança da equipe).

Outra dinâmica que Jesus utilizava era a de ensinar por meio de histórias. Ele se sentava na beira da praia, no monte ou num barquinho, e ensinava grandes lições aos seus liderados. Hoje, essa estratégia é conhecida como *storytelling* (a arte de ensinar por meio de histórias), mas Jesus já a utilizava há dois mil anos.

Ao contrário do que vemos em muitas empresas, um cenário de competição, rivalidade e concorrência por poder, Jesus agia de forma a ser um modelo e preparava o seu time para uma missão: ele formava precursores. Afinal, "o melhor líder é aquele que faz com que pessoas simples realizem as melhores coisas" (Ronald Reagan, ex-presidente americano).

O líder que é um modelo direciona sua equipe. Certa ocasião, os cobradores de impostos chegaram até Jesus e seus amigos requisitando os impostos. Pedro, assustado, sem direção, questionou:

"Mestre, o que faremos?" (o verdadeiro líder ensina e norteia sua equipe).

Jesus respondeu: "Dê a Cesar o que é de Cesar". Em outras palavras, faça o que é certo. Vamos andar corretamente e pagar os nossos tributos como cidadãos honestos (o líder que é um modelo ensina pelo exemplo).

Por vezes, o líder precisará tomar decisões sabendo que suas ações servirão de exemplo para o seu time; logo, tudo o que fizer será modelado por seus colaboradores. No exemplo anterior, Jesus foi direto: "Dê a Cesar o que é de Cesar", simples assim.

Jesus, como um líder motivador e modelo, sabia trabalhar o perfil comportamental de cada um. No caso de Tomé, por exemplo, que duvidava de tudo, Jesus tinha uma comunicação bastante assertiva. Tomé, talvez, no ambiente corporativo, seria direcionado à contabilidade ou a outro setor, que exigiria provas e fatos concretos.

O líder de A a Z sabe identificar os perfis predominantes e colocar cada indivíduo em sua função compatível. Além disso, ele sabe comunicar-se com os diferentes estilos. Jesus era um verdadeiro líder, pois já atuava na diversidade. Seus amigos, seguidores e equipe eram formados por pessoas muito diferentes, seja de cor, raça ou de nível social. Eram judeus, publicanos, cobradores de impostos, prostitutas, gentios, viúvas, desquitadas, leprosos, deficientes, ricos, pobres etc. Ele era muito à frente de sua época, falava com amor, mas também sabia demonstrar sua autoridade quando necessário e expor sua opinião.

Para finalizar, o líder também não se conforma com o *status quo* e trabalha para colocar a casa em ordem. Em uma de suas caminhadas, Jesus chegou ao templo (um espaço que visitava com frequência) e viu a desordem que estava ocorrendo por lá. Então, com bastante ousadia e autoridade, tirou tudo do lugar, mandou embora as pessoas de má índole e organizou o espaço segundo as normas e estatutos que foram estabelecidos.

O líder nem sempre agirá apenas em situações agradáveis; às vezes, será necessário demitir, limpar a bagunça, corrigir erros, educar pessoas e ter pulso firme, mas isso veremos nos capítulos seguintes. Você se considera um modelo a ser seguido por seus liderados? Pense nisso!

NAVEGAÇÃO:
porque navegar é preciso

"Os grandes navegadores sempre sabem onde fica o Norte, sabem aonde querem ir e o que fazer para chegar a seu destino" (James Collins e Jerry Porras).

A frase acima até parece conto de pescador, não é mesmo? Mas, na verdade, assim como com os navegadores, os grandes líderes também possuem visão de rumo. É isso que lhes permite guiar a equipe para a direção correta.

O líder de A a Z é um bom **navegador,** que orienta e dirige a equipe rumo a atingir as metas da organização. O navegador experiente sabe bem que desbravar o alto-mar pode ser desafiador e que em diversos momentos ele precisará mudar a rota devido às tempestades que surgem ou até mesmo pelo vento que nem sempre está a seu favor.

O líder navegador tem atitudes semelhantes às que o mestre Confúcio pronunciou: "Ele entende que não pode mudar os ventos, mas sabe que pode ajustar as velas para chegar aonde deseja". O sucesso de grandes empresas como 3M, Johnson & Johnson, Procter & Gamble, Sony e Disney ocorreu porque à frente da equipe havia líderes navegadores, que guiaram essas empresas em meio a todos os tipos de desafios e dificuldades. Mais recentemente, já com os grandes avanços tecnológicos, podemos citar Tesla, Google, Amazon, Uber e AirBnb como empresas e líderes que estão sabendo navegar nos mares atuais.

Tais empresas foram capazes de improvisar (ajustar as velas) diante da inovação, das mudanças radicais, das diversidades, práticas operacionais, normas culturais e estratégias comerciais. Eu já tive a oportunidade de velejar, e você?

Apesar de parecer algo simples, um passeio tranquilo em meio a um dia ensolarado, saiba que, quando você se encontra no mar aberto e olha para os lados, mas não vê terra firme, isso não parece tão seguro assim. Para piorar a cena, é possível que você se depare com uma tempestade, ondas fortes ou mesmo uma quebra em algum dos equipamentos. Nessa hora, o líder precisa manter-se calmo e no controle da situação.

Eu vivi isso certa vez, não como líder, mas sendo um dos tripulantes de uma embarcação que foi pega por uma tempestade. Aprendi muito com aquele acontecimento, especialmente com a calma e segurança transmitida pelo capitão a todos nós, marinheiros de primeira viagem.

O líder de A a Z sabe enfrentar, vivenciar e lidar com as grandes tempestades (problemas, percalços e adversidades da gestão), pois passou por elas para aprender a navegar e sempre está atento à inovação e pronto para reformular suas abordagens. Na Johnson & Johnson, por exemplo, os líderes são estimulados a questionar regularmente sua estrutura e processos de modo que possam seguir evoluindo e melhorando. Em outras palavras, mudar as estratégias na hora de guiar a equipe se faz necessário diante de uma era tão volátil. Quer um exemplo?

Segundo estudos sobre gestão empresarial da PUC-RS em 1996, a empresa 3M se desfez de várias de suas grandes divisões e passou a concentrar-se em outras metas: resolver de maneira inovadora problemas ainda não solucionados. Ou seja, os grandes líderes, em alguns momentos, precisarão desfazer-se de alguns processos já estabelecidos para chegar ao resultado esperado. É como aquele famoso ditado: um passo para trás a fim de dar dois para frente.

Colaboradores que são guiados por líderes assim se sentem seguros, confiantes e otimistas, pois acreditam que o líder não os colocará em perigo ou risco. Além disso, o líder de A a Z tem uma característica ímpar: é corajoso para navegar contra a corrente, mantendo condições emocionais equilibradas, um espírito raro de aventura, ousadia, perseverança e, acima de tudo, paixão.

Paixão pela liderança é essencial, eu diria! Aliás, Sêneca, um dos mais célebres advogados, escritores e intelectuais do Império Romano, disse: "Um timoneiro que se preze continua a navegar mesmo com a vela despedaçada, por isso ele precisa amar a carreira".

Os líderes navegadores compreendem a diferença entre manter um padrão e estarem abertos às mudanças. Essa habilidade para conduzir uma rotina ou ter que mudar a rota exige disciplina consciente e está vinculada à sua capacidade de visão e ação. "Visão sem ação é igual à frustração".

É a visão do navegante que indica quais princípios básicos da liderança devem ser preservados e para qual destino se deve prosseguir com a tripulação. O médico americano, professor e autor Oliver Wendell Holmes, considerado por muitos como um dos melhores escritores do século XIX, disse: "Devemos navegar algumas vezes a favor do vento e outras contra ele, mas temos de navegar sempre, e não nos deixar levar pelo vento, nem jogar a âncora".

Isso me fez lembrar de uma história verídica sobre Paulo de Tarso (Apóstolo Paulo) em uma de suas viagens de navio, essa repleta de adversidades, porém superadas. Acompanhe: "Pouco tempo depois, desencadeou-se da ilha um vento muito forte. O navio foi arrastado pela tempestade, sem poder resistir ao vento; assim, cessamos as manobras e ficamos à deriva. Foi com dificuldade que conseguimos recolher o barco salva-vidas. Levantando-o, lançaram mão de todos os meios para reforçar o navio com cordas; e, temendo que ele encalhasse nos bancos de areia de Sirte, baixaram as velas e deixaram o navio à deriva.

No dia seguinte, sendo violentamente castigados pela tempestade, começaram a lançar fora a carga. No terceiro dia, lançaram fora, com as próprias mãos, a armação do navio. Não aparecendo nem sol nem estrelas por muitos dias, e continuando a abater-se sobre nós grande tempestade, finalmente perdemos toda a esperança de salvamento".

Nessa história, Paulo realmente enfrentou uma situação bastante complexa, porém manteve a esperança diante desse acontecimento e ainda animou todos à sua volta dizendo: "Recomendo-lhes que tenham coragem, pois nenhum de vocês perderá a vida" (Atos 27).

Está claro para você quem está no controle do barco? Aonde você deseja levar sua equipe e empresa? Pense nisso.

OBSERVAÇÃO:
esteja atento a cada movimento

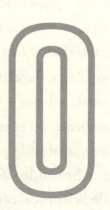

Lao Tzu, grande filósofo da antiga China, disse: "Para liderar as pessoas, caminhe um passo atrás delas". O que será que Lao Tzu quis dizer com tal afirmação? O líder de A a Z deve **observar**, estudar e analisar cada membro de sua equipe, pois cada um tem as suas peculiaridades e habilidades que o definem como único. Além disso, cada indivíduo carrega também talentos pessoais que precisam ser direcionados a funções e cargos compatíveis com seu perfil. Eis aqui o grande segredo para o sucesso da equipe.

As habilidades de cada um, aproveitadas em seus respectivos cargos, elevam a empresa e ainda geram mais produtividade. Afinal, colaborador feliz (exercendo a função que ama) é três vezes mais produtivo, sabia?

O papel do líder é o de caminhar junto com a equipe e estudar suas ações. A observação é uma característica fundamental em um bom líder. Inclusive, Max Bazerman, professor de Psicologia em Harvard, afirma que os gestores precisam ser *first-class noticers*, ou seja, devem recuperar o conceito de "observadores de primeira classe".

Segundo Warren Bennis, um dos grandes gurus de liderança, observadores de primeira classe realmente enxergam o que acontece à sua volta (incluindo o que outros não veem) e sabem quando precisam obter mais informações para tomar melhores decisões. Sabem onde, quando e como deslocar seus funcionários para aproveitar ao máximo cada talento.

Como cada um se desenvolve individualmente? Qual o desempenho apresentado por eles? Quem se adéqua melhor a cada atividade? O líder de A a Z sabe tais respostas porque observa seus liderados.

Esteja atento a cada movimento, tenha um olhar clínico para sua equipe. É preciso saber identificar o potencial de seus liderados e os capacitar para que atinjam a máxima *performance*, uma vez que nem eles mesmos conseguem identificar e reconhecer seus talentos.

Eu, como líder, tenho em minha agenda semanal algumas horas dedicadas à observação. Eu efetivamente paro para olhar e refletir sobre vários pontos, desde o *layout* da área, fluxo dos processos, atividades realizadas por cada colaborador do time, e fico imaginando possibilidades de melhoria e ajuste. O time já sabe: quando fico em pé olhando para tudo e todos é porque estou no meu momento de reflexão e observação.

Um ponto muito importante ao observar é também saber ouvir. Como já dizia um provérbio chinês: "Sábio é aquele que ouve, não aquele que fala". Como temos necessidade de falar, não é mesmo?

Nós falamos "pelos cotovelos", precipitadamente e sem parar. Na verdade, é muito simples perceber um líder desequilibrado. Basta observar o quanto fala e o quanto ouve. Saber ouvir tem a ver com doar completamente parte da sua atenção ao outro e, dessa forma, ser capaz de o entender melhor.

Essa é uma característica ímpar e bastante importante, pois, quando sabemos ouvir o que o outro tem a dizer, passamos a entender seus pensamentos, ideias e crenças, gerando confiança, relação amigável, segura e acolhedora.

Ouvir a equipe é fundamental! Um líder eficiente deve estar próximo, evitando criar barreiras que atrapalhem o desempenho do grupo. A proximidade

O líder de A a Z

também ajuda a compreender o perfil de cada liderado e entender quem se dará melhor com cada tipo de tarefa (como vimos anteriormente).

Guardar as informações obtidas por meio do hábito de ouvir ajuda o líder a ter novas ideias. Interagir com o liderado individualmente, estando atento, ofertando um *feedback* positivo e estimulando suas ideias, motivará o outro a falar de forma assertiva e, assim, consequentemente, haverá o surgimento de novos projetos e inovações.

Dessa forma, é possível chegar mais facilmente aos resultados almejados pela empresa. Quando o líder é um bom ouvinte, ele é capaz de tornar o ambiente da empresa um local de bastante harmonia, confiança e respeito.

Tenho um acordo com o meu time: sempre estou aberto a ouvir atentamente as sugestões e opiniões, sendo que, inclusive, eu mesmo o busco para isso. Não se trata de demagogia ou de deixar a porta aberta, mas sim ir até a mesa do colaborador ou reunir-se com um pequeno grupo para discutir um determinado tema e ouvir a opinião de todos.

Qual o grande segredo: eles sabem que serão ouvidos, mas também que, como líder, sou responsável por tomar a decisão e assumir em primeira pessoa as implicações sobre qualquer resultado que isso possa causar.

Obviamente que grande parte das vezes acato opiniões ou sugestões, mas há momentos em que, após ouvi-los e tendo uma visão mais ampla do tema, acabo por tomar uma decisão diferente da sugerida por eles.

Transparência nessa relação é o caminho para o sucesso! Converse com cada um de sua equipe, estimule o vínculo, a cumplicidade e o diálogo. Escute o que eles têm a dizer, preste atenção em cada ideia que surgir. Saiba ser compreensivo e seja bastante atencioso quanto aos detalhes. Seja alguém que os inspira, que dá abertura para participarem e os faça trabalhar mais confiantes.

O líder não deve jamais se comportar como um ditador que somente cobra resultados. Ele se comunica de forma saudável e está acessível aos seus funcionários. O líder de A a Z precisa ter uma conduta distinta, que possa ser espelhada pelos demais. Além disso, ser capaz de liderar significa ter consciência de que aprimorar a escuta constantemente é fundamental. Como está a sua capacidade de observação? Pense nisso!

PARTICIPAÇÃO:
é junto que devemos andar

O líder de A a Z é aquele que demonstra para a sua equipe que o melhor caminho para obter resultados acima do esperado é se **preparando** e **participando**. A indústria 4.0 chegou com tudo, e com ela muitas mudanças, evoluções e transformações. As grandes corporações tradicionais vêm perdendo espaço para novos *"players"* que até outro dia não "incomodavam", pois teoricamente eram de outros segmentos.

Quem diria que empresas como a Google, Tesla, Amazon, Uber e AirBnb iriam provocar tanto o mercado, isso apenas para citar algumas. Elas funcionam baseadas em inovação tecnológica, automação, troca de dados, e utilizam conceitos de sistemas ciberfísicos, IoT (*Internet* das Coisas) e computação em nuvem (*Cloud*).

À vista disso, o líder que deseja continuar atuando e sendo relevante precisa capacitar-se constantemente diante das novas demandas do mercado, que são maiores a cada dia. Preparar-se para atuar com excelência, sendo capaz de utilizar as mais diversas tecnologias disponíveis no mercado, é fundamental. Ter entendimentos computacionais, de automação e sobre controle industrial aplicados à indústria 4.0, além de tecnologias de grande impacto, como Inteligência Artificial, Cloud Computing e "*Internet* das Coisas", são competências indispensáveis para tornar-se o líder moderno.

E se você, assim como diversas organizações, acha que buscar conhecimento sobre os temas citados anteriormente é só para organizações do segmento de TI, não se engane. A Era Digital chegou para todos.

Todo líder impacta a vida de sua equipe, ainda que seja indiretamente. Se você acredita que liderança se trata de guiar seus liderados dentro daquele formato arcaico, em que possui poder e eles "deveres", que por ser líder os outros devem respeito a você pelo cargo que carrega e que ser líder se trata apenas de ser responsável por um grupo de pessoas, está na hora de rever seus conceitos, urgentemente eu diria!

Com a Era da Informação, hoje podemos ver novos conceitos e modelos de liderança, tanto pela evolução individual do ser humano quanto pelo coletivo. A evolução deve acontecer também em nossa mentalidade e na forma de lidar com as pessoas.

O líder deve ter um papel mais participativo, não se portando como um rei em seu reinado, em que os seus liderados são tratados como súditos; pelo contrário, a liderança participativa é colaborativa, em que o primeiro a servir à equipe é o próprio líder.

Brad Szollose disse: "Se você realmente quer a chave do sucesso, comece fazendo o oposto do que muitos ainda estão fazendo". Eu, mesmo sendo um executivo (*C-level*) em uma multinacional, não possuo sala fechada, tampouco secretária exclusiva, justamente porque acredito que a melhor forma de trabalho é estar junto com o time.

Há situações e conversas do cotidiano que resolvemos rapidamente por estarmos lado ao lado, ao passo que, se eu estivesse em uma sala fechada, estaria como em uma bolha, perdendo uma série de informações e possibilidades de agilizar a resolução de problemas. Por isso, volto a dizer que comigo a frase "as portas estão abertas para o time" não funciona, pois simplesmente não existem portas.

Você pode estar se perguntando: mas eu tenho temas críticos e sigilosos para tratar, ligações ou conversas importantes e até confidenciais, como fazer isso em um ambiente aberto? A resposta é simples: tenha pequenas salas de reunião para duas ou três pessoas; espaços fechados para realização de ligações ou videoconferências que necessitem de isolamento e salas maiores onde se realizam as reuniões ou treinamentos com um número maior de pessoas. Aplico esse modelo há mais de uma década e garanto que funciona.

O líder de A a Z não tem medo de colocar a mão na massa, sentar-se junto com o time e misturar-se com o pessoal que executa. Ele não faz distinção de cargos, envolve-se e realiza também. Ao participar, ele se abre para implantar as inovações e tendências de mercado, pois entende que, para garantir o sucesso da empresa e do pessoal que lidera, é preciso estar aberto às mudanças e adaptar-se.

Por ter uma boa visão, ele sabe que o futuro está totalmente atrelado à tecnologia e à automatização. Por isso, trabalha implantando a nova mentalidade em seus liderados, treinando-os e até preparando-os para os dias vindouros. Sendo perspicaz, ele tem sagacidade e virtude para compreender ou aprender a lidar com a ambiguidade que temos vivenciado em nossas corporações/empresas.

Há líderes para empresas, momentos e para equipes diferentes. Que tipo de líder você é e em qual empresa, lugar, circunstância ou grupo se encaixa melhor? Lembre-se do seguinte: para que o líder desenvolva todas essas habilidades, ele precisa, antes de tudo, estar bem consigo mesmo. Portanto, reveja seus valores, seus sonhos e planos; cuide de suas emoções, respeite-as e então as canalize, pois somente dessa forma você poderá apoiar os demais e os persuadir a segui-lo.

Ronald Reagan disse: "O maior líder é aquele que leva as pessoas a fazer coisas grandiosas, porque as impulsiona". Um líder persuasivo não é nada parecido com o velho chefe mandão e autoritário, pelo contrário, a equipe o segue por livre e espontânea vontade, pois enxerga nele inteligência, confiança e ousadia. O líder de A a Z é aquele que demonstra ao grupo o melhor caminho a ser seguido!

E aí, qual das características vistas até agora você mais tem como líder? Independentemente de sua resposta, saiba que você pode ser o que desejar, basta querer e desenvolver tais habilidades. Participe!

QI + QE:
unir a razão com a emoção

Liderar com a razão e a emoção é a fórmula para o sucesso! Não é novidade para ninguém o quanto as emoções e os sentimentos naturais do ser humano interferem em todos os momentos de nossas vidas, inclusive em nossas carreiras. Eles são demonstrados enquanto estamos convivendo em sociedade, com a família, colegas de trabalho, em momentos de descontração e até mesmo quando estamos sozinhos ou interagindo com algum desconhecido.

Controlar as emoções, saber lidar com elas, é o princípio básico para qualquer líder, entretanto, não é assim que ocorre dentro do universo corporativo. Embora o Quociente da Inteligência racional (**Q.I.**)

seja algo que se avalia há muito tempo, o líder que sabe desenvolver seu Quociente Emocional (**Q.E.**) de maneira assertiva é o mais disputado. Inclusive, se você é um líder que deseja evoluir e crescer continuamente em sua organização, saiba que trabalhar o seu Q.I. + Q.E. é o que fará sua carreira ser bem-sucedida.

Você sabia que durante o nosso dia recebemos cerca de 400 estímulos/impactos negativos? A chegada de uma má notícia, a chuva que cai de repente quando está sem guarda-chuva, as fofocas a seu respeito que você fica sabendo, um desconto a mais em seu extrato de um valor com o qual não estava contando, um prazo curto estipulado em cima da hora para entregar algo, entre outros impactos que nos levam a agir de maneira emocional, em vez de racional.

O que muita gente ignora é que, quando somos acometidos por tais estímulos/impactos, a nossa amígdala central, uma pequena área de nosso cérebro, responde sem pensar ou instintivamente, e assim somos impulsionados ao primeiro sinal, que é o emocional.

Se, porventura, nesses momentos de conflito conseguíssemos nos manter calmos, seríamos capazes de agir racionalmente. Ou seja, não reagir ao estímulo negativo, mantendo o equilíbrio, faz com que sejamos guiados à segunda reação, a racional.

Para ser um líder de A a Z é imprescindível desenvolver o Q.I. e Q.E. simultaneamente, o que podemos denominar como Inteligência Múltipla. No filme *Divertida Mente*, podemos contemplar a inusitada história que se passa dentro da cabeça de uma garotinha, onde os sentimentos de raiva, medo, alegria, imaginação e tristeza vivem lado a lado enquanto ela lida com as dificuldades da vida.

Contrariando o falso conceito de felicidade vendido pela sociedade, mídia e redes sociais, o filme mostra que cada sentimento tem a sua importância na construção do ser humano. Que viver feliz e alegre o tempo todo não é sinal de plenitude ou equilíbrio emocional, mas sim saber lidar com as emoções consideradas negativas, como medo, angústia, raiva, nervosismo, sentimentos que devem ser vivenciados para a evolução e progresso humano.

O filme termina valorizando a tristeza e mostrando que, ainda que a sintamos, não significa que somos perdedores ou inferiores, mas sim humanos. Além disso, mostra que a tristeza pode ser a solução para diversos problemas, pois, por meio dela, podemos encontrar novas perspectivas de vida.

Por que eu trouxe essa analogia para o nosso contexto? Eu sei que, por vezes, parece que estamos

O líder de A a Z

sendo otimistas e positivos demais, afinal, "por trás dos bastidores", muitos líderes estão quase tendo um "colapso nervoso", estão irritados e angustiados. Estão sem paciência, com insônia e até mesmo cogitando a ideia de parar ou dar um tempo nos negócios, tirar um ano sabático, enfim, desistir.

Ao contrário do que muitos pensam, sentir tais emoções não se trata de fraqueza, ainda que vá contra muitos conceitos motivacionais ditos no mercado. Nós não precisamos ser sorridentes e animados o tempo todo. Aprendi com o meu pai que não podemos mudar as circunstâncias que acometem nossas vidas, mas somos totalmente responsáveis sobre como iremos responder a cada situação.

Exemplo: certa ocasião eu estava trabalhando em uma empresa que precisou passar por uma reestruturação, levando a uma redução de custos e, consequentemente, desligamento de pessoas. Ao receber tal notícia e meta para reduzir o custo do meu time em 20%, obviamente não gostei da situação, mas se lembra do que eu disse sobre não poder mudar o cenário, porém ser capaz de controlar minhas emoções, tendo equilíbrio entre o meu Q.I. e Q.E.?

A empresa pediu-me para reduzir o custo do meu time em 20%, mas isso não significava necessariamente demitir pessoas. Eu aprendi sobre isso em uma conversa que tive com Carlos Massa, o Ratinho do SBT. Ele me disse que certa vez passou pela mesma situação, ao ser solicitado para desligar uma pessoa do seu time que, para ele, era muito importante. Com muita calma, ele avaliou o cenário e entendeu que, se pudesse cortar outros custos supérfluos de seu programa, ele atenderia à demanda da emissora e também manteria o seu colaborador.

Voltando para o meu cenário, foi exatamente isso o que fiz. Busquei as possibilidades de redução de custos em todas as linhas do meu orçamento, reuni o time para pensarmos juntos e, no final das contas, além de manter o time completo, fomos capazes de economizar mais do que haviam solicitado.

Lembre-se disso: o líder também tem o direito de ter um momento seu para chorar, gritar, meditar e limpar sua mente para então começar a reagir. Daniel Goleman disse: "Quando eu digo controlar emoções, me refiro às emoções realmente estressantes e incapacitantes. Sentir as emoções é o que torna a nossa vida rica".

O diretor e professor da ESAD, universidade de negócios na Espanha, Javier Casa Demunt, disse:

"Quando mencionamos liderança dentro da corporação, precisamos, antes de tudo identificar se temos ou não esse perfil. Muitos são os líderes que ocupam cargos devido aos seus Q.I.s, mas não sabem ser exemplos de liderança no Q.E.".

E quais são os seus exemplos de liderança? Muitos profissionais são colocados como "líderes" porque apresentam currículos extraordinários e uma inteligência invejável, mas não por serem ícones que a equipe seguiria por livre e espontânea vontade, por enxergarem nele um exemplo de equilíbrio emocional, constância, mesmo diante dos conflitos e atitudes sensatas em momentos de tomadas de decisão, agindo de forma racional em vez de emocional.

Lembro-me de certa ocasião em que estava palestrando em uma grande empresa de *call center*. Na hora do intervalo, de longe notei o desequilíbrio de um suposto supervisor diante de uma questão com um atendente, ele praticamente surtou, gritou, gesticulou, ficou corado, suou, e quase atacou o subordinado. Parecia insanidade, mas acredite, foi real!

Agora me responda: esse é o tipo de "líder" que a equipe respeita, se espelha e segue? Claro que não! Esse é um tipo de "líder" que ocupa um cargo por qualquer outro motivo, menos por ter um Quociente Emocional forte.

Nos capítulos anteriores, mencionei o exemplo de um líder que sabia como ninguém equilibrar a razão e a emoção: Jesus. Mesmo em meio às maiores dificuldades registradas em sua história de vida, como sair para sua missão sem ter muitos recursos financeiros, carregando consigo apenas o necessário para o dia, mesmo diante de ataques verbais e pressões psicológicas, mesmo quando não tinha onde dormir depois de longas viagens, ele continuava no controle de suas emoções. E mesmo quando todos ao seu redor estavam desesperados, histéricos, desacreditados, murmurando, Jesus continuava com o mesmo humor, confiança, otimismo e tranquilidade. Esse é um verdadeiro líder!

O líder de A a Z que desenvolve o quociente da inteligência racional (Q.I.) e o quociente da inteligência emocional (Q.E.) se mantém tranquilo mesmo diante de tempestades em alto-mar, como aconteceu com Paulo de Tarso. Ele se mantém equilibrado sabendo que outras pessoas (sua equipe) confiam nele. Por isso, pensadores como Mario Sergio Cortella afirmam: "A um chefe você obedece porque te é imposta tal autoridade; a um líder você segue, procura, respeita e admira por livre vontade".

O líder de A a Z

Se você, líder, deseja crescer em sua carreira, busque trabalhar a Inteligência Múltipla. Afinal, para guiar sua equipe, você precisará equilibrar o seu Q.I. e Q.E. De 1 a 10, quais suas notas (autoavaliação) para seu nível de Q.I. e Q.E. atuais? Existe equilíbrio?

RESOLUÇÃO:
faça o que tem que ser feito

Uma das maiores características do líder de A a Z está em saber lidar com problemas, sendo **resoluto**, removendo os obstáculos e trazendo resultados para a empresa. Embora essas características pareçam ser tão óbvias, ainda existem muitos "líderes" que não são hábeis, decididos ou firmes na hora de solucionar um conflito, acabam ficando paralisados, sem ação e até mesmo se esquivando do problema, imaginando que eles irão se resolver sozinhos.

No livro *Inteligência emocional*, de Shirzad Chamine, o autor revela que todos nós, antes de sermos líderes de outras pessoas, departamentos, áreas ou empresas, somos indivíduos que, apesar de suas peculiaridades, também possuímos muitas características semelhantes. Uma dessas características é conceituada como o sabotador esquivo. Esse comportamento, muito típico nas organizações, leva diversos profissionais a não darem a devida importância aos problemas que merecem atenção, minimizando seus efeitos ou procrastinando suas decisões, isso quando as tomam.

O líder que adota a prática de esquivar-se dos problemas geralmente acredita que está no controle, mas na verdade vive ansioso pelo que costuma evitar ou procrastinar. Por ter medo de que a estabilidade conquistada seja interrompida, reprime sentimentos como emoção, raiva e ressentimento, em vez de os canalizar de maneira assertiva. Por outro lado, os líderes de A a Z são resolutos, removem os obstáculos e trazem os resultados, porque não se omitem nem evitam os conflitos. São líderes destemidos e ousados. Alguns deles chegam até a errar por excesso, mas nunca por omissão ou medo.

Líderes resolutos solucionam as questões e jamais se negam a entrar num enfrentamento. Eles não lideram superficialmente, mas "compram a briga" verdadeiramente, tirando muitos da zona de conforto, inclusive si mesmos. Muitas pessoas fogem de conflitos, mas eu costumo dizer à minha equipe que o conflito bem administrado é bom e saudável.

Eu me considero uma pessoa muito prática e não gosto de ir para casa deixando uma pendência ou assunto mal resolvido. Por isso, costumo fazer o que precisa ser feito de forma rápida, prática e sem ficar depois remoendo assuntos passados. Como líder, você não deve ter medo de entrar em uma discussão ou de levantar uma questão que esteja incomodando, pois, quanto mais tempo se leva para resolver um problema, pior ele fica.

É como aquela história do último pingo de água que faltava para transbordar um copo. Pode ter certeza de que, se você não for resolvendo cada pequena questão, a soma delas irá só aumentar, acumular e, finalmente, resultar em algo desastroso.

Além de resolver as questões, os líderes também removem obstáculos para que sua equipe possa executar o melhor trabalho possível. Afinal, eles sabem que ter as pessoas certas nos lugares certos é só o primeiro passo para obterem resultados acima da média, mas que, além disso, é necessário estar monitorando qualquer situação que possa impedi-los de desempenhar bem as suas atividades. Pode parecer uma besteira, mas às vezes a temperatura do ar-condicionado ou o barulho de um colega ao lado pode ser suficiente para atrapalhar o trabalho de alguém. Pense nisso...

E por falar em resolver problemas e remover obstáculos, lembremos de que, ao final do dia, o que importa mesmo são os resultados alcançados. O líder que traz resultados para a empresa precisa ser flexível quando necessário, mas também deve saber impor-se quando a situação requer alguém que de fato determine o rumo da embarcação. Ele faz o que é preciso e sabe dizer "não" quando necessário, resistindo às situações que possam impactar no andamento do trabalho e nos resultados da empresa.

Temos aprendido no decorrer deste livro o quanto é importante ser parceiro da equipe, todavia, o líder de A a Z não pode perder o controle da situação. Por isso, muitas vezes terá que tomar decisões difíceis e agir com "pulso firme" para manter esse controle. A famosa e polêmica série *La Casa de Papel*, estreada em 2018, mostra uma cena em que o personagem fictício Professor se vê em uma situação em que precisa punir o principal integrante do seu time, Berlim, por ter desacatado um dos princípios mais primordiais do grupo: o de jamais executar uma vítima.

Para manter a ordem dos reféns, Berlim decidiu que a melhor maneira de controlar a tentativa de motim era eliminando Mónica Gaztambide, uma das reféns que tentou esconder um celular. Sendo o líder do grupo, Professor precisava penalizar Berlim e mandar uma mensagem clara aos demais assaltantes sobre quais eram os limites de cada um. Dessa forma, como "bom" comandante do bando, Professor não hesitou e Berlim sofreu as consequências de ter colocado todo o plano e a equipe em risco.

O líder de A a Z sabe gerenciar sua equipe tomando decisões drásticas, imparciais e necessárias para "proteger a meta principal", zelando pelos membros da equipe, alcançando o objetivo maior, eliminando qualquer obstáculo, corrigindo quem merece repreensão (dentro das normas da empresa) e até mesmo substituindo membros quando esses não estão engajados na mesma missão. Jim Rohn nos dá um exemplo de liderança que sempre valoriza o capital humano, mas também se mostra bastante firme. Ele disse: "O desafio da liderança é ser forte, mas não rude, ser gentil, mas não fraco, ser ousado, mas não um valentão, ser humilde, mas não tímido, ser orgulhoso, mas não arrogante".

O líder de A a Z

Ser resoluto, remover os obstáculos e trazer resultados são atributos dos grandes líderes que não têm medo de tomar decisões e as colocar em ação. O líder que conhece sua identidade, sua capacidade e sua missão não se deixará abalar com as críticas ou com o que falam dele pelas costas. "Afinal, um homem que quer conduzir a orquestra deve virar as costas para a multidão" (Max Lucado).

Para obter resultados diferentes, precisará tomar decisões e resolver aquilo que só você pode fazer. Quais decisões você está protelando tomar em sua carreira? E como líder? Lembre-se: um problema mal resolvido não tende a sumir, mas sim a aumentar.

SOLÍCITO:
seja sensível e solidário

Neste capítulo, abordaremos as características da letra "S" de **sensível**, **solícito** e **solidário**, qualidades fundamentais para tempos de crise. No dia 31 de dezembro de 2019, o Coronavírus começou a proliferar-se sobre diversos países. Confinados dentro de casa e tendo que liderar suas equipes de forma remota, muitos líderes necessitavam colocar em prática tudo aquilo que tenho ensinado por meio de meus treinamentos, palestras, literaturas.

No ápice da pandemia, quando vivíamos um momento crítico tanto para a saúde quanto para a economia do Brasil e do mundo, em que muitas empresas fecharam suas portas e aqueles que puderam foram trabalhar em *home office*, é que os líderes, mais do que nunca, tiveram que conduzir suas equipes de maneira efetiva, com engajamento e inteligência.

O que antes era inconcebível para várias organizações, tornou-se aplicável. Conceitos antiquados e opiniões formadas perderam a força e todos nós fomos nos virando como podíamos, liderando de onde estávamos, conduzindo de maneira assertiva e motivando em meio ao caos.

Uma das características mais primordiais do líder de A a Z é ter esperança quando tudo ao redor o deixa sem esperança, descrente e temeroso. Por isso, é o primeiro a criar forças, tendo sensibilidade para auxiliar sua equipe a não desistir. Na crise, ele é quem gera coragem, entusiasmo e perseverança. O líder deve ser sensível às dores da equipe, aos seus medos e preocupações. Dessa forma, encontra maneiras de ajudá-la com inteligência, equilíbrio e dedicação.

Quando estamos diante de crises mundiais, como a que vivenciamos da Covid-19, é natural que nos sintamos inseguros, desnorteados e paralisados, todavia, o líder que é sensível identifica tais emoções e conduz o time à perseverança, fé e adaptação.

Meu papel como líder é conhecer e entender a situação de cada um dos meus colaboradores para que, com empatia, eu esteja sensível a apoiá-los e ajudá-los a atravessar qualquer obstáculo, e foi exatamente assim que me portei durante o período da pandemia.

Equipes que de uma hora para outra tiveram que ir trabalhar em suas casas.

Como líder, deparei-me com quatro momentos muito específicos:

1. Entramos em módulo 100% *home office*; portanto, tivemos que organizar o fluxo de trabalho, rotinas e processos, ver as questões técnicas como acesso ao servidor da empresa, disponibilização de infraestrutura (computador, celular, *Internet* etc.).

2. É de imaginar-se que nem todas as pessoas do seu time tenham um escritório ou local apropriado para o trabalho em *home office*. Logo, no meu caso, também tivemos que avaliar a questão ergométrica e ajudar os colaboradores a melhorar o ambiente de trabalho (mesas, cadeiras, iluminação etc.).

3. O trabalho estava fluindo bem, as pessoas estavam protegidas do vírus, porém, começamos a ter alguns altos e baixos emocionais, porque ninguém estava acostumado ao confinamento a que fomos submetidos por tantos meses. Meu papel como líder nesse momento foi crucial para manter o equilíbrio emocional de todos, inclusive o meu. Muitas conversas em grupo por videoconferência e também individuais. Realizamos atividades de lazer mesmo à distância para confraternizarmos e incentivei todos a manter uma agenda saudável entre o trabalho, estudos, atividades físicas, tempo com a família e sono.

4. Preparar-nos para o retorno ao trabalho no escritório, ao novo normal. Como seria o novo? O que aprendemos com esse período? Quais práticas poderíamos continuar adotando?

Enfim, foi dessa forma que sobrevivemos: adaptamo-nos e mudamos nossa forma de trabalhar, gerando melhor qualidade de vida para os colaboradores, reduzindo custos fixos para a empresa e, consequentemente, melhorando os resultados.

O líder de A a Z não deixa transparecer seus receios diante dos conflitos, dos problemas financeiros e das crises, pois sabe canalizar seus medos/preocupações em atividades específicas sem descontar toda essa carga emocional em cima da equipe.

Seja por meio de um esporte ou atividade física, meditação ou oração, entretenimento, arte, terapia ou leitura; enfim, o líder busca meios para manter-se equilibrado emocionalmente, pois só assim poderá estar apto a responder às necessidades de sua empresa e equipe. O líder é um exemplo de fortaleza, e é exatamente isso que a equipe espera dele: segurança.

Ele é também solícito e está pronto para colaborar na adaptação de todos ao novo. Inclusive busca adaptar-se primeiro, pois sabe que isso é preciso em tempos de crise! A adaptação inicialmente incomoda e até irrita, pois nos tira da zona de conforto. Adaptar-se de acordo com os recursos disponíveis, com o novo ambiente, forma de trabalho, com a nova economia e com as mudanças de forma geral é algo que o líder deve fazer.

Por fim, o líder de A a Z tem como característica a solidariedade. O escritor tcheco Franz Kafka disse: "A solidariedade é o sentimento que melhor expressa o respeito pela dignidade humana". O líder que é so-

O líder de A a Z

lidário está disponível para ajudar tanto nas questões empresariais como nas emocionais, percebendo, observando e direcionando a equipe de acordo com as novas condições a que devem adaptar-se, motivando-a para continuar trazendo resultados mesmo em meio à desordem e a impulsionando a crer que dias melhores virão, fazendo-a acreditar que sairão melhores e mais fortes, uma vez passados os momentos de crise. O líder não desiste nunca!

Eu sei! Você deve estar se perguntando: será que é mesmo possível superar tudo isso? Em meu livro *Os pilares do sucesso profissional,* relato diversos momentos de crises em que pessoas comuns aproveitaram a ocasião para criar novas saídas, estratégias e maneiras de fazer a mesma coisa de forma diferente. Lembre-se do *Poder do óbvio*: às vezes há coisas simples, rápidas e baratas que geram um grande efeito. Saiba mais em um dos meus livros.

O líder não é um super-herói. Ele, como ser humano, também tem suas fraquezas e necessidades, contudo, perante sua equipe, mostra-se como uma torre forte, sendo sensível, solícito e solidário às necessidades do time. Em momentos de dificuldade, o líder deve reaprender a conviver, improvisar, lidar com recursos escassos, retroceder se preciso for e deve preocupar-se com as pessoas; enfim, ser mais humano.

O líder de A a Z foca no que é positivo diante dos problemas, adapta-se ao novo e segue em frente, levando consigo uma equipe forte, imbatível e inabalável. Lembre-se: "Um ladrão rouba um tesouro, mas não furta a inteligência. Uma crise destrói uma herança, mas não uma profissão. Não importa se você não tem dinheiro, você é uma pessoa rica, pois possui o maior de todos os capitais: a sua inteligência é seu maior triunfo em tempos difíceis" (Augusto Cury).

Quando um colaborador o procura para pedir ajuda, você se mostra solícito e se coloca à disposição dele? Pense nisso!

TREINAMENTOS:
desenvolver talentos sempre

Nada melhor do que termos/sermos líderes emocionalmente equilibrados, que saibam liderar suas equipes, motivando-as, impulsionando-as e trazendo à memória aquilo que provoca inspiração, esperança e fé de que dias melhores virão.

Em tempos difíceis, o líder é aquele que toma conta de sua equipe em todos os sentidos, inclusive emocionalmente, ele treina e ainda trabalha junto com ela. Cuidar da equipe tem a ver com identificar as necessidades peculiares de cada membro e o ajudar a desenvolver-se para contribuir de forma assertiva, sempre colaborando para que a equipe trabalhe de forma mais engajada, produtiva, trazendo resultados acima da média, mesmo em tempos de crise.

O líder que toma conta do time reconhece os limites pessoais, entende que cada membro tem um perfil predominante e lidera cada um de forma personalizada (liderança situacional). O líder de A a Z sabe que não deve ser invasivo no quesito da privacidade, mas procura conhecer cada colaborador de forma mais profunda, sempre trabalhando para suprir as suas necessidades e expectativas com ética e transparência.

Por ser um executivo de empresas que vive o dia a dia da liderança e os diversos desafios de uma empresa, entendo perfeitamente a necessidade de treinar o time, trabalhar junto com ele e tomar conta dele. Ao trabalhar junto, aprendo e ensino, mas também sou capaz de identificar as fraquezas ou pontos de melhoria de cada um e as necessidades de treinamentos, que pode ser aplicado por mim mesmo, por alguém do meu time que tenha experiência no assunto ou, quando necessário, buscamos ajuda externa.

Em minha liderança diária, não tenho a menor vergonha em dizer que eu verdadeiramente tomo conta do meu time, pois sei que o resultado dele será o meu, e também reconheço que muitos dos colaboradores são melhores tecnicamente do que eu em suas áreas específicas de atuação. Logo, o meu papel é apoiá-los a desempenhar os seus máximos potenciais, pois o sucesso de um será o sucesso de todos.

Acredito que o líder deve estar sempre disponível, aberto e pronto para oferecer um *feedback* honesto e assertivo, fazendo as engrenagens funcionarem de forma correta, garantindo que a equipe esteja sempre em movimento. O líder de A a Z reconhece os méritos, o trabalho de sua equipe, e sabe recompensá-la, seja financeiramente, como por meio de pequenos gestos. Eis aqui o grande segredo da motivação!

O líder deve ser alguém que gosta de estudar e aprender, para depois poder ensinar. E de que forma ele faz isso? A resposta é bem simples, oferecendo conteúdos relevantes, informativos que tragam mais conhecimento à equipe, realizando treinamentos presenciais ou à distância, disponibilizando artigos ou materiais de apoio, entre outros métodos que agreguem informação, conhecimento e motivação. Trata-se de promover a inteligência coletiva em vez de apenas distribuir tarefas ou requerer o atingimento das metas.

O líder pode, antes de iniciar uma jornada de trabalho, trazer uma reflexão motivacional, encorajando o pessoal a ir além de suas limitações e a perseverar na busca de seus objetivos. O líder que treina

O líder de A a Z

torna-se exemplo de resiliência e recomeço em tempos problemáticos. Isso porque ele tem uma mentalidade positiva e expansiva. Esse líder não busca culpados, mas soluções. "O líder ideal não encontra a falha, encontra um remédio" (Henry Ford).

Convém que o líder desenvolva na equipe o espírito de perseverança e coragem, para que ela aguente firme e supere os dias difíceis sem desistir, esmorecer ou murmurar. Dessa forma, o líder deve treinar a mentalidade do grupo, fazendo-o mais resiliente e confiante.

Certa vez, um empresário reuniu sua equipe para dar algumas coordenadas sobre a necessidade de redução de custos. Ele precisou criar uma escala de trabalho com dias alternados a fim de não demitir seu pessoal. Na reunião, ele disse: "Eu sei que existem colaboradores que precisam trabalhar e não podem receber nenhum desconto em seu salário mensal, todavia, eu preciso dar preferência aos gerentes que conhecem todo o procedimento, e não apenas partes dele, pois, dessa forma, um único líder será capaz de realizar o que três subordinados faziam antes". Acredite se quiser, mas apenas um líder entre oito sabia efetivamente sobre todo o processo de sua área.

Conhecer as atividades da própria área ou departamento é fundamental para qualquer líder que deseja obter resultados melhores. O líder de A a Z não deve apenas conhecer as atividades do seu time, mas também de outras áreas de sua empresa, pois entende que conhecer todos os processos é um grande diferencial. Eu perdi as contas de quantos treinamentos apliquei enfatizando esse tema.

O líder de A a Z não olha para setores ou departamentos. Ele vê os processos e as interações entre as pessoas para a melhor execução de cada tarefa. Quando esse líder não sabe algo, vai e aprende. Afinal: "Liderança e aprendizagem são indispensáveis um ao outro" (John F. Kennedy).

Se você é líder e não sabe executar, peça ajuda!

Eis aqui outro segredo dos líderes de sucesso: eles são humildes e sabem recorrer ao time quando necessário. Inúmeros líderes acreditam que solicitar apoio dos liderados é uma demonstração de fraqueza. Pelo contrário, buscar auxílio de outros nos momentos em que precisa é uma demonstração de humanidade, de reconhecimento de suas vulnerabilidades, e uma das melhores formas de gerar engajamento na equipe. Como tem sido sua atuação junto ao time? Está treinando antes e jogando junto durante o jogo? Afinal, jogo é jogo e treino é treino. Pense nisso!

UNIÃO:
unidos somos mais fortes

É interessante como mesmo líderes e empresários com anos de experiência ainda ficam inseguros diante dos novos desafios que surgem em suas vidas. O novo sempre assusta, mas, pouco a pouco, vamos percebendo que aquilo que nos parecia insuperável, inconcebível e invencível acaba sendo possível, adaptável e suportável, não é mesmo?

Falando em transição, adaptação e superação, em tempos de crise, podemos perceber algumas qualidades e competências fundamentais que o líder deve ter. Ele se mostra **<u>unido</u>** ao seu time para colaborar, tem **<u>urgência</u>** em adaptar-se e promover o crescimento da equipe, mesmo diante das incertezas, mesmo sem saber ao certo o que fazer ou esperar do amanhã. Esse líder é verdadei-ramente **único**!

O líder deve, portanto, ser:

- **Unido:** do latim *unîtas*, a palavra unidade permite fazer referência à propriedade de tudo aquilo que não pode ser dividido sem que a respectiva essência seja destruída ou alterada.

É uma ação coletiva orientada para um mesmo fim; coesão, qualidade do que é um ou único, por oposição de pluralidade; combinação de esforços e de pensamentos, união. Trata-se de estar junto mesmo distante. Tem a ver com apoiar, ajudar, dar suporte numa mesma ideia, espírito e raciocínio. Muitas pessoas costumam dizer "estamos unidos mesmo sem nos falar, ver ou tocar", isso porque estão conectadas.

- **Urgente:** trata-se de ser rápido em ajudar, res-ponder e resolver. O líder deve ter esse senso de urgência em tudo. Não importa se o problema não é dele diretamente, se é pequeno ou grande, ele resolve hoje porque trata o tema como algo importante e age rapidamente sem procrastinar.

- **Único:** sem outro igual, ou seja, cada ser humano é dotado de atributos muito específicos, e isso não é diferente na vida do líder. Não existem líderes iguais, portanto, não devemos compará-los. Cada qual possui o seu valor e, para que possa render o máximo de seu potencial, deve ser colocado na posição correta, de acordo com os seus dons e talentos naturais.

Mas como ser esse líder unido, urgente e único em meio às crises e contratempos da vida? Muitos líderes e empresários foram pegos de surpresa com a pandemia (Covid-19), ficaram sem chão, sentindo-se desprotegidos, indecisos e preocupados. Infelizmente, para muitos, essa crise foi vista como o fim de seus sonhos, negócios e até mesmo de suas finanças... E, sendo bem realista, de fato, para diversas empresas e profissionais isso se tornou uma realidade, pois não souberam reagir.

Em tempos de crise, o líder se vê em meio a uma tempestade, mas então começa a perceber que é possível adaptar-se, ser resiliente, reinventar-se, ressignificar as perdas e recomeçar mesmo estando ainda dentro do caos (como um navio à deriva), porém com esperança e fé de que será salvo, assim como vimos na história do apóstolo Paulo em capítulo anterior.

O líder de A a Z

Alguns meses antes da Covid-19 ter se espalhado pelo mundo, sequer imaginávamos chegar ao estágio de isolamento social a que chegamos. Uns sofreram mais do que outros, mas o fato é que todos tivemos que nos adaptar, pensar em novas opções, sermos mais flexíveis, fazendo mais com menos e revendo diversos valores (aprendendo a velejar conforme a maré).

Aprendemos novas maneiras de fazer o que fazíamos, acostumando-nos com a nova rotina profissional e enfrentando a transição. Dessa forma, por mais que o líder de A a Z seja unido com seu time, aja de forma urgente ao cuidar, auxiliar e liderar a equipe, como um ser único, ele é livre para sentir medo, irritação, dor e preocupação, tais emoções não fazem dele menor. As emoções são o que torna a vida rica, real e linda.

Devo confessar a você que eu também passei por momentos de questionamento, reclusão, falta de motivação e preocupação; afinal, também sou um ser humano suscetível a esses sentimentos. Lembre-se do seguinte: o líder não é um super-herói!

Graças à empatia e bom relacionamento gerado com meu time, criamos entre nós um acordo de apoio mútuo, ou seja, quando qualquer um de nós percebe que alguém do time não está bem, tem liberdade para procurá-lo e servir de suporte, apoio ou mesmo "ouvidos" para aquele que porventura esteja entrando em uma condição de baixo astral.

Lembro-me de terem sido resgatados ao menos duas vezes por membros do meu time, e outras tantas vezes pessoas da equipe. Contar isso a você me enche de orgulho, pois não estou aqui para apenas contar vitórias ou apresentar-me como um líder infalível, pelo contrário, eu sou falho, fraco e também cometo erros, por isso a importância de pertencer a um time e todos se apoiarem.

Resumindo

Não importa se você pensou em desistir, parar ou dar um tempo, se precisou escolher entre seus melhores colaboradores e demitir outros mesmo sem querer. Eu sei que doeu, tirou sua paz e machucou. Tudo bem. Em seu lugar, eu estaria do mesmo modo: arrasado.

Contudo, às vezes, seremos obrigados a cortar a corda que sustenta outras pessoas na montanha (referência ao filme *Limite Vertical*, comentado anteriormente). O importante é que, mesmo com pouca força, você continue; mesmo irritado, lidere; e mesmo com medo, avance.

O líder de A a Z

Para que um profissional esteja apto a liderar um grupo de pessoas ou uma empresa, ele precisa, antes de tudo, estar bem consigo mesmo. Portanto, permita-se sentir as emoções, extravasá-las de maneira assertiva e, por fim, canalizá-las. Chore, grite, angustie-se, mas, depois, levante-se e vá lá fora liderar sua equipe com garra, força e ousadia. Cuide de suas emoções e então seja o líder que sua equipe precisa. Que ações têm realizado para manter sua equipe mais unida? Pense nisso!

VALORIZAÇÃO:
o capital humano em primeiro lugar

Quando o assunto é a **valorização** do capital humano (um assunto bastante abordado por mim em minhas palestras e treinamentos), alguns nomes me vêm à mente, porém, gostaria de citar o exemplo do empresário Tony Hsieh. Acompanhe.

Proprietário da empresa de sapatos Zappos e autor da obra *Satisfação garantida* em que aborda o assunto "sobre atendimento ao cliente" como sendo uma responsabilidade de toda a organização, e não apenas do departamento de vendas, em sua metodologia, Hsieh entende que todos os colaboradores, independentemente do cargo, devem ser bem treinados, especialmente no quesito atendimento ao cliente.

O líder de A a Z

Ele também considera que todo o membro de sua empresa é um cliente interno e, como tal, deve ser tratado da mesma forma como se trata um cliente externo. Sendo assim, na cultura de sua empresa, todos devem receber um atendimento de "Rei ou Rainha", com cordialidade, respeito e valorização.

Curiosamente, após contratar novos colaboradores e treiná-los, a Zappos faz uma oferta de US$ 2.000,00 para que aqueles que não se identificarem com a cultura da empresa demitam-se imediatamente. Tal postura assegura e fortalece a lealdade dos colaboradores que decidem ficar, e isso é muito valorizado pela liderança da empresa, uma vez que se entende que o colaborador não está ali apenas pelo salário, mas porque de fato valoriza e é valorizado por seus companheiros de trabalho. Isso se chama engajamento ou *fitch* de propósitos.

No livro de Hsieh, o mesmo afirma que muitas empresas têm seus valores estabelecidos, mas a maioria delas não se compromete efetivamente com eles. Esses valores, muitas vezes, costumam soar como algo estático, teórico ou como um conjunto de normas que o funcionário aprende no primeiro dia de treinamento, mas depois se torna apenas uma placa sem sentido na parede.

Ao colocar em prática tais valores, toda a liderança e colaboradores se comprometem verdadeiramente em tratar um ao outro como superiores a si mesmos, independentemente de cargos. Segundo Hsieh, "todos os colaboradores podem ser embaixadores de nossa marca, e um dia talvez esse profissional não esteja mais trabalhando em minha empresa, mas ainda assim poderá dar boa recomendação a nosso respeito".

Infelizmente, não é isso que temos visto nas empresas. Certamente você já escutou algo como "a porta da rua é serventia da casa". Essa é uma frase que muitos colaboradores já ouviram de seus líderes em algum momento da carreira. O impacto negativo dessa afirmação é voraz na autoestima da equipe, trazendo consequências e resultados negativos para a empresa, pois a insatisfação gera rotatividade do pessoal e pode impactar também na credibilidade dos seus negócios, passando a impressão de que há algo de muito errado com a administração interna da sua empresa.

Você sabia que por mais que sejamos "adultos ou profissionais já maduros", ainda assim ansiamos ouvir de nossa liderança afirmações positivas sobre o nosso trabalho e desempenho? Ser aprovado, reconhecido, e sentir-se importante são algumas das necessidades que diversos profissionais buscam suprir em suas carreiras. E, por mais que os colaboradores discursem "não ligar para isso", o fato é que, no íntimo, todos nós queremos ser apreciados e valorizados.

Tais anseios por reconhecimento levam muitos colaboradores que ganham bem, recebem benefícios atraentes e até premiações interessantes a "abrir mão de tudo" e atuar em organizações menores e com menos vantagens, mas com mais valorização profissional. Contudo, infelizmente, alguns líderes têm um posicionamento totalmente oposto ao da valorização, e cada vez mais cresce o número de reclamações por assédio moral e abuso de autoridade.

Locais onde o líder age de forma negativa têm como resultado uma equipe que mais cedo ou mais tarde se mostra estressada, desmotivada e sem perspectiva de futuro na companhia; ótimos profissionais que na primeira oportunidade de trabalhar em outro lugar não pensam duas vezes e pedem demissão, indo atuar em um local em que serão valorizados.

Pense nisso: quando somos crianças, aprendemos as tais palavras mágicas: "bom dia", "com licença", "por favor" e "obrigado", mas é curioso o quanto nos esquecemos delas no decorrer da jornada profissional, tratando os subordinados de qualquer jeito, de forma grosseira e hostil.

Além disso, esquecemo-nos de ser gratos às pequenas coisas, como perceber o empenho da equipe ou de um colaborador na busca pelos resultados da empresa, por exemplo. Ficamos tão envolvidos no atingimento das metas que acabamos deixando a humanidade de lado. Evitamos dizer um simples "parabéns, você foi muito bem". Um gesto tão pequeno que pode surtir um efeito gigante.

Reflita um pouco: você já encontrou algum líder bem-sucedido com visão de negócio destratando seus colaboradores? Obviamente que não! O líder de A a Z, a fim de conquistar o sucesso na liderança, deve desenvolver, entre outras habilidades, a visão. Essa é a premissa que irá direcionar o líder e sua equipe no rumo correto até chegarem ao resultado almejado.

Por fim, tenha uma mente vencedora! Qual desses atributos você precisa desenvolver?

XADREZ:
da estratégia à execução

Você já reparou como liderar uma equipe dentro do universo corporativo pode ser bastante parecido com um jogo de **xadrez**? Segundo o *site* de pesquisas Wikipédia, "o xadrez é um esporte, também considerado arte ou ciência. Pode ser classificado como um jogo de tabuleiro de natureza recreativa ou competitiva".

O grande objetivo desse jogo é derrubar o rei do adversário por meio do movimento conhecido como "xeque-mate", o que nos remete à importância de estabelecer objetivos, metas e propósitos bem definidos em nossa carreira para então nos empenharmos em cumpri-los.

O líder de A a Z

Dar um "xeque-mate" no universo corporativo não significa derrubar o presidente ou qualquer outro colega de trabalho. Aqui não estamos falando do famoso "puxar o tapete", pelo contrário. Trata-se de derrubar qualquer oposição que se coloca diante dos objetivos da organização.

O líder de A a Z deve ser um enxadrista que, com estratégia, sabe movimentar as peças (sua equipe e atividades), de modo a eliminar o desânimo, acomodação, falta de comprometimento, dispersão, ausência de comunicação assertiva e, por consequência, resultados ruins.

Eu não sei o quanto você conhece desse jogo, mas o xadrez foi criado na Índia em 550 A.C., espalhando-se rapidamente por meio da Ásia até os territórios da Europa. A partida mais longa de xadrez de todos os tempos teve 269 movimentos entre Ivan Nikolic e Goran Arsovic em Belgrado, na década de 1980, durou mais de 20 horas e acabou em um empate. Afirma-se que existem mais literaturas voltadas ao xadrez do que para qualquer outro jogo de tabuleiro. Trata-se de um jogo engenhoso e requer tanta astúcia que há mais de 318.979.564.000 maneiras diferentes de jogar os primeiros quatro movimentos.

Marcelo Simonato

Mas por que associar esse jogo à liderança corporativa? Tanto para liderar como para jogar o xadrez visando à vitória é importante:

- Estabelecer objetivos;
- Ter visão estratégica;
- Ter autocontrole;
- Ter criatividade;
- Saber gerenciar o seu tempo;
- Saber lidar com a pressão;
- Ter a capacidade de antecipação;
- Ser humilde para aprender com os erros.

O líder é aquele que olha para o cenário (crise, pandemia) e, com suas habilidades, consegue encontrar caminhos e alternativas onde outros não veem. E, mesmo em meio às adversidades, mantém o equilíbrio emocional, ignorando qualquer confronto, não cedendo diante das pressões e continuando em frente rumo aos objetivos traçados, mesmo que tenha que abandonar o plano A e partir para um plano B. Ele tem a habilidade de gerenciar o seu tempo, tem visão de futuro e senso de antecipação, características presentes tanto no jogo de xadrez como em uma liderança moderna.

O líder de A a Z

O líder é aquele que, em cada jogada, analisa o andamento da sua estratégia, observa o plano do adversário (concorrência, mercado) e, com base nisso, traça seus próximos passos com tempo predefinido para realização.

E aí, o que você acha? Notou as semelhanças e os aprendizados que podemos extrair de um jogo de xadrez para aplicar em nossa liderança? Os líderes que desejam ser bem-sucedidos devem aplicar as estratégias aqui abordadas em sua forma de pensar e agir para que possam atingir os resultados almejados.

Um bom líder, a cada movimento da sua equipe, é capaz de visualizar as possíveis próximas jogadas que deverá adotar, sendo capaz de bloqueá-las ou de adaptar-se a elas. Ele é um estrategista e sabe colocar as peças certas (colaboradores) nas casas corretas (posições de trabalho ou atividades).

Em meio às dificuldades é que os grandes líderes aparecem, e com as jogadas corretas (tomadas de decisão), fazem a diferença na partida (cenário atual). Eu costumo utilizar algumas lições do esporte e dos jogos para liderar meu time. Às vezes chego a desenhar processos ou fluxogramas, pensar em alternativas de movimentação de pessoas ou de atividades e, principalmente, de seus impactos, ou seja, o que ocorre na segunda ou terceira jogadas depois que eu fizer a primeira.

Certa vez, fui procurado por um diretor de outra área que desejava levar uma pessoa do meu time para uma posição que ele tinha em sua área. Aqui já podemos aprender o seguinte:

- Eu prefiro perder colaboradores internamente para outras áreas sabendo que aquilo será uma oportunidade de crescimento para o colaborador do que perdê-lo para o mercado, ou seja, para outras empresas e, quem sabe o pior, para o concorrente.

Mas, voltando para a história, após ele me procurar, agradeci pela consulta e disse que iria conversar com a pessoa para avaliar se fazia sentido para ela também e que depois voltaríamos a conversar. Chamei o colaborador para uma conversa muito franca, apresentei a proposta, levantei os prós e contras e pedi que a pessoa avaliasse e desse um retorno.

Novo aprendizado:
- Você não deve decidir pelo colaborador, mas o influenciar e o ajudar a tomar a melhor decisão para a carreira dele.

O líder de A a Z

Uma vez aceito o convite, era hora de eu retornar ao outro diretor para dar-lhe a notícia positiva e combinar os próximos passos. Como no xadrez, tive que articular o movimento de outras duas pessoas para fazer a equipe girar e outros colaboradores terem a chance de um crescimento profissional, a famosa dança das cadeiras; portanto, organizei as mudanças e fui buscar no mercado um novo colaborador para o começo da minha pirâmide.

O que aprendemos com isso?

- Quando surge uma oportunidade para alguém do seu time, você deve buscar promover as pessoas internas que já estejam preparadas e, somente na falta de alguém qualificado, é que se deve contratar externamente.

- A mudança nesses termos é bem-vinda, pois o colaborador que está indo para outra área torna-se um grande parceiro e os demais colaboradores do time observam que oportunidades de crescimento no time e na empresa existem.

Em suma, conhecer a arte de liderar é como saber jogar xadrez. Não é qualquer um que sabe,

Marcelo Simonato

mas todos podem aprender se investirem tempo, dedicação e perseverança. Lembre-se: um líder com mente estratégica sempre poderá prever o próximo passo e antecipar-se a qualquer situação.

Você diria que é um líder com as características de um enxadrista? Se sua resposta for não, fique tranquilo. Embora o xadrez pareça ser um jogo complicado e difícil de vencer, basta tão somente aprender a jogá-lo, praticar e ir se aperfeiçoando para conseguir o Xeque-Mate.

YANKEES:
agir na superação e transformação

Para exemplificar as características do líder de A a Z com a letra Y, vamos citar o exemplo dos Yankees, time de beisebol de Nova Iorque que era liderado por George Steinbrenner na década de 1970, o qual tinha um estilo de liderança ditatorial que ficou famoso rapidamente devido aos seus resultados. Naquela época, a equipe dos Yankees ganhou muitos campeonatos. Entretanto, esse modelo passou a não funcionar mais na década de 1980 em diante e mudanças começaram a ocorrer. As pessoas passaram a não corresponder favoravelmente ao modelo rígido de liderança, embasado em ameaças e intimidações.

Sendo assim, os Yankees passaram a não obter as mesmas conquistas de outrora. O ponto positivo

O líder de A a Z

disso é que Steinbrenner identificou a necessidade de mudança em seu modelo de liderança, mudou a estratégia e desenvolveu um novo tipo de relacionamento com seus jogadores. Segundo o autor Dale Carnegie, a transformação dos Yankees deu-se graças à mudança no estilo de liderança.

Ele delegou mais controle e poder aos homens em campo e se tornou muito mais complacente com os reveses, nas partidas e na vida pessoal. Essas mudanças chegaram gradativamente aos jogadores, e, no final da década de 1990, figuravam entre as maiores dinastias do beisebol de todos os tempos. Em vez de ser criticado por sua ditadura tirânica, Steinbrenner foi elogiado como sendo um líder que foi capaz de reinventar-se.

A mensagem é clara: no ambiente de hoje, um estilo de liderança altamente personalizado, centralizado no indivíduo e cruelmente agressivo não é eficiente, tampouco mais aceito. Infelizmente, ainda existem pessoas em posições de liderança que discordam disso. Há líderes autoritários em todos os campos, os quais se veem como generais. Alguns desses líderes à moda antiga podem ostentar resultados muito bons por algum tempo, mas, pensando em longo prazo, eles não se sustentam.

Atualmente posso afirmar que é impossível um estilo de liderança autoritária ser bem-sucedida em longo prazo. Os indivíduos simplesmente não toleram mais esse tipo de tratamento. A sociedade mudou e ninguém é obrigado a aceitar qualquer tipo de assédio moral. Eu já tive líderes que adotavam essa postura. Em meu início de carreira, sofri muito com alguns gestores, que de fato não eram líderes, mas estavam em posições de liderança por diversos motivos.

Certa vez, presenciei um diretor recém-contratado desmontar um time que já atuava junto há alguns anos. Ele demitiu pessoas, gerou pânico e consequente saída de outros, mas, pasme, em menos de um ano ele acabou sendo demitido.

Agora, eu pergunto: será que esse líder errou sozinho ou quem o contratou errou também? Vemos isso acontecer no futebol todos os anos. Técnicos que são contratados para uma temporada liberam jogadores para serem vendidos, contratam outros e no meio do campeonato são demitidos pelos resultados. Onde está a grande falha?

O líder deve ter a capacidade de liderar a equipe que possui e, antes mesmo de pensar em substituir as pessoas, ele deve buscar a todo custo extrair o melhor desse time, utilizando todas as ferramentas, atributos e características que discorremos aqui neste livro.

Não faria sentido citar as características do líder de A a Z com a letra Y sem pensar na geração Y, chamada geração do milênio (*millennials*) – conceito em Sociologia que relaciona um grupo de pessoas nascidas entre 1981 e 1996. Essa geração valoriza as relações interpessoais, adora *feedbacks*, busca equilibrar vida pessoal e profissional a fim de ter um ótimo ambiente de trabalho e é uma verdadeira agente de transformação.

A questão da transformação deve-se à necessidade de uma nova abordagem por parte da liderança do mundo antigo, onde os liderados não tinham tanta autonomia e dependiam totalmente das decisões do líder. Esse modelo foi de certa forma eficiente até a década de 1970, mas se tornou ultrapassado com a chegada das novas gerações. Infelizmente, ainda vemos muitos líderes atuando nesse modelo nos dias de hoje e isso explica os problemas de gestão de pessoas em muitas empresas.

O líder precisa entender que o mundo mudou e seus liderados também. Temos profissionais da geração Y chegando às posições de liderança nas empresas e trazendo mudanças importantes na maneira de liderar suas equipes. Pense nisso: ou você lidera pessoas da geração Y ou é/será liderado por uma delas em breve.

Eu já fui liderado por uma pessoa mais jovem do que eu quase dez anos e aprendi muito com ela, assim como também estou certo de que muito a ensinei. O oposto também é verdade, desde muito cedo eu já liderava pessoas com mais idade e experiência técnica do que eu. Hoje, costumo dizer que sou o líder de todas as gerações, pois tenho em meu time desde *babyboomers* até os colaboradores da geração X, Y, Z, e agora Alpha.

Podemos e devemos aprender uns com os outros, pois todos possuem pontos muito positivos. Uma característica marcante dos líderes da geração Y são os *feedbacks* constantes aos liderados por meio de comunicação breve, porém, são constantes e casuais, uma vez que buscam respostas objetivas e rápidas.

Os líderes com as características da letra Y se encontram mais preparados e com vontade insaciável de aprender. São marcados pelo mundo digital em que estão imersos, são arrojados e sempre abertos a mudanças. Esses são os líderes modernos que estão transformando o mercado de trabalho, atuando com inovação, dinamismo e agilidade. Não são perfeitos, mas estão em constante transformação e, com isso transformam o meio onde trabalham.

Você é capaz de dar a volta por cima assim como o líder dos Yankees ou tem a capacidade de transformar-se assim como os líderes da geração Y? Pense nisso!

WOW:
gere uma experiência positiva em seu time

Está curioso pela definição das características do líder de A a Z com a letra W? Então, fique comigo até o final deste capítulo e se surpreenda!

A letra W é um tanto singular por essência; afinal, em nosso alfabeto original do português não utilizávamos essa letra até tempos atrás. Contudo, graças ao nosso bom e velho amigo idioma inglês, passamos a adotar a letra W também em nosso dia a dia e em muitas palavras, inclusive em nomes de pessoas em que a letra W substitui o som das letras U ou V. Exemplo: Wellington, Wesley, Walter, Waldomiro, entre outros.

Realmente foi bastante intrigante, e diria que até mesmo instigante, descobrir o que poderia representar as características do líder de A a Z com a letra W, mas posso dizer que valeu a pena e espero que você goste.

O líder que encontramos para representar essa letra é o empreendedor Walter Elias Disney – conhecido como Walt Disney, aquele que buscava sempre encantar pelo seu estilo de liderança. Segundo Westbrook e Oliver, "os consumidores, profissionais e equipes que experimentam altos níveis de alegria e de surpresa apresentam maiores índices de intenção de recompra, permanência na empresa, produtividade e engajamento".

O termo encantamento aparece na literatura de Psicologia como uma emoção advinda, geralmente, de uma combinação de outras emoções. O encantamento da equipe começou a aparecer como rótulo, um termo para designar um grupo de colaboradores que estivesse vivenciando altos níveis de satisfação e de prazer com a experiência de fazer parte de determinada organização.

Walt Disney utilizou a arte de encantar seu público desde a sua criação, uma cultura reconhecida mundialmente. Quando ele idealizou a famosa Disneylândia, tinha o sonho de criar um lugar mágico e seguro em que suas filhas pudessem brincar e se divertir. Essa cultura também deve ser aplicada pelo líder ao transformar sonhos em realidade dentro das organizações, fazendo equipes se engajarem e se sentirem plenas (seguras e felizes). E o que isso tem a ver com uma equipe bem-sucedida? Tudo!

Segundo Walt Disney, seus colaboradores fazem parte de um grande elenco e, para que possam proporcionar uma verdadeira experiência para o cliente, é preciso que executem um atendimento excelente, mas isso só acontecerá se eles estiverem vivenciando o encantamento (estado emocional acima da mera satisfação).

Você pode ser esse líder que molda o comportamento de todos os colaboradores, fazendo com que eles dediquem seus esforços a fim de criar uma experiência sem igual, única e inesquecível. Encante-os!

Outro aspecto que atribuímos para o líder de A a Z utilizando a letra W é o significado da palavra **WOW**, que é utilizada para demonstrar surpresa e alegria. Na própria língua inglesa "to wow" é um verbo que, traduzido para a língua portuguesa, significa impressionar, encantar, empolgar.

Walt Disney teve a ideia da Disneylândia com o propósito de criar felicidade, mas faleceu muito antes de ver o primeiro parque temático inaugurado.

O líder de A a Z

Então, como, depois de todos esses anos, a Disney continua firme em seu propósito original de criar felicidade? Podemos responder a isso em uma expressão: empoderamento dos colaboradores e encantamento da equipe.

Eu mesmo fui aos Estados Unidos para estudar o padrão Disney de liderar e me deparei com um cenário realmente incrível! Todos os colaboradores são responsáveis uns pelos outros e são treinados constantemente sobre temas de liderança, atendimento e segurança; afinal, nós, os convidados ou *guests*, como eles costumam chamar-nos, vamos aos parques da Disney para nos divertir com segurança e viver uma experiência e encantamento a cada esquina.

Acredito ser possível trazer muitos dos ensinamentos de Walt Disney e do efeito WOW para dentro de nossas empresas, e é isso que tenho feito com os times que lidero, bem como ensino em meus treinamentos e palestras por todo o país.

Muitos questionam a fórmula secreta da Disney. Será que realmente há algo mágico no padrão Disney de liderar? A diferença se encontra na filosofia de liderança que é embasada no compartilhamento do propósito da empresa entre todos os funcionários e seu engajamento em contribuir para atingir esse propósito. Nesse caso, o propósito da empresa é gerar uma experiência para encantar seus clientes, fazendo com que em todos os momentos se surpreendam e possam soltar um belo "WOW – UAU".

Importante dizer que, para chegar a esse nível de resultado, tudo começa nos bastidores da Disney por meio de simples ações: o devido tratamento aos colaboradores e treinamento constante. Faz sentido para você?

ZELO:
proteger, amar e respeitar

Amigo leitor, estamos chegando quase ao final deste livro incrível, em que a cada capítulo abordamos as características essenciais de um líder moderno, representadas por cada letra do alfabeto. E, obviamente, a letra Z não poderia deixar de marcar presença com seus inúmeros predicados.

A era globalizada trouxe grande agitação para o universo corporativo e, por isso, vivemos correndo com prazos, relatórios e metas. Dizem que a *Internet* "resolve" tudo a um clique, mas toda essa revolução e o empoderamento trouxeram também doenças sindrômicas como ansiedade, pensamentos acelerados, estresses e depressões, entre outros sintomas de incapacidade e frustração profissional.

Nós vivemos imersos em um sistema de alta velocidade e empoderamento que nos deixa preocupados com "N" situações, além de colocar-nos em uma condição de independência assustadora onde nós temos que resolver tudo sozinhos e sem ajuda de ninguém que alivie as nossas cargas. Dessa forma, ser um líder que sabe liderar mesmo em meio a tantas exigências e cobranças é um diferencial e tanto.

Por isso, o líder deve ser **zeloso**, começando consigo mesmo, buscando ter autocontrole e inteligência emocional para que possa liderar a sua equipe com o devido cuidado. Um líder zeloso é aquele que cuida com diligência e responsabilidade, pois sabe de sua importância para a equipe e empresa. Suas ações são tomadas com sabedoria, equilíbrio e serenidade, visando sempre o bem maior.

Conta-se que, nas épocas de guerra, quando um soldado tinha algo contra outro, antes que ele tomasse qualquer atitude, ele deveria refletir 24 horas. Se após 24 horas ele ainda quisesse escrever um ofício contra o outro soldado, nesse caso ele tinha autorização. O interessante é que após 24 horas as emoções contrárias, como queixas, desavenças, entre outros sentimentos negativos, já tinham se esvanecido. Dessa forma, raramente havia ofícios a serem enviados. Essa técnica de afastar-se, refletir e pensar antes de agir é tão importante não só para os líderes, mas para todas as pessoas. Você concorda?

Costumo dizer que não devemos tomar decisões precipitadas ou no calor da emoção. E, quando se trata da vida de colaboradores do time, a situação é ainda mais complexa. Estamos tratando com pais e mães de família, pessoas que possuem sonhos, sustentam suas casas, tem dívidas etc. Antes de tomar uma decisão que impacte a vida de um colaborador, busque cercar-se de todas as informações possíveis, seus impactos e alternativas. Zelar pelos seus colaboradores é uma atitude muito nobre e demonstra o grande valor que o líder humano possui.

Mas não termina por aí... O líder de A a Z também é "zen", ou seja, não se irrita facilmente nem "perde a linha" com situações do dia a dia, descontando em sua equipe. Diante de um conflito, ele respira fundo, reflete e, somente depois, toma uma decisão. Um líder assim, já experiente, entende que tudo se resolverá, portanto, não convém surtar, brigar ou tomar decisões baseadas nas emoções, mas sim na razão.

O líder de A a Z

Muitos líderes têm sofrido com a pressão no trabalho pela entrega de resultados, gerando um alto nível de estresse. Isso tem causado diversos males à sua saúde física e mental, além de problemas familiares. É preciso encontrar uma válvula de escape; alguma atividade que traga relaxamento e liberação dos hormônios do "bem", aqueles terminados com "ina", saiba mais sobre eles:

- **Dopamina:** é produzida pelo nosso organismo quando vivemos situações que trazem a sensação de recompensa (que há ganho). De forma geral, a dopamina vai gerar felicidade, bem-estar e motivação.

- **Serotonina:** está relacionada ao emocional e pode ser liberada quando você se sente significativo ou importante. Temos uma concentração saudável de serotonina no corpo, porém, em casos de depressão, é comum estar com o nível dela baixo. Em um organismo sem a depressão, os picos de serotonina ocorrem em atividades prazerosas como sexo ou comer algo que você adora e trazem sensação de felicidade e bem-estar.

- **Melatonina:** esse neurotransmissor se dá no organismo quando estamos na ausência de luz. A melatonina é responsável pelo início do ciclo do sono, ela avisa o corpo que é preciso desacelerar e começar a preparar-se para dormir. A melatonina em si não traz melhorias no humor ou bem-estar, mas ela ajuda você a dormir bem. E o descanso adequado traz benefícios fantásticos para a memória, reparação do DNA, recuperação dos órgãos, músculos e produção hormonal, o que evita doenças como pressão alta, diabetes e Alzheimer.

- **Noradrenalina:** é acionada em situações de luta ou fuga (estresse), fazendo com que a frequência cardíaca aumente, a pupila dilate, a respiração torne-se ofegante e você fique em estado de alerta. Pode ter picos durante exercícios, sustos ou fortes emoções. A noradrenalina pode trazer animação, energia e bem-estar (quando o susto passa, é claro). Como deixa o cérebro em estado de alerta, também é conhecida por facilitar a aprendizagem.

- **Oxitocina:** é apelidada de "hormônio do amor", por ser liberada quando estamos na presença do parceiro. A oxitocina está ligada a sensações de prazer e bem-estar, tanto físico quanto emocional, além de segurança e felicidade. De uma forma geral, é estimulada sempre em interações sociais, criando laços com outros seres humanos.

- **Endorfina:** é um potente analgésico natural que trabalha anestesiando o corpo durante o sono, ao sentirmos dor ou fazer grande esforço físico. É aquela plenitude que você sente após o treino. Com a endorfina, você sente bem-estar, fica mais disposto, feliz e confortável.

Fonte: https://www.uol.com.br/vivabem/noticias/redacao/2018/06/27/conheca-os-neurotransmissores-que-podem--gerar-bem-estar-e-felicidade.htm

Eu pratico esportes regularmente, dividindo-me entre os treinos de corrida de rua, musculação e partidas de tênis. Isso me faz um bem enorme, seja físico, seja mental. Além disso, também tenho meus *hobbies* para relaxar e descansar a mente. Sou músico: toco violão e canto de forma amadora com a minha família, participo de um grupo de casais motociclistas e viajamos uma vez por mês para alguma cidade do interior de São Paulo com nossas esposas apenas por diversão e passeio. Essas atividades energizam-me, renovam-me e me capacitam também, pois aprendo sempre algo novo a cada dia.

Por falar em capacitação: como está o seu desenvolvimento pessoal e profissional? Se você está lendo este livro já é um grande passo, mas quero incentivá-lo a seguir em frente, buscando ler meus demais livros, conhecer meus treinamentos e palestras para continuar aprimorando-se. Conte comigo nessa jornada do saber!

Se você deseja ser um líder que está sempre com suas forças renovadas, no popular, o famoso "zero bala", então você deve preocupar-se com a sua saúde física, mental e espiritual. É interessante pensar nesse conceito de "zero bala", que representa algo novo, que não foi usado ou gasto ainda. Trata-se do líder que, embora tenha vasta experiência, ainda tem o mesmo vigor, coragem e força de vontade de quem está iniciando.

No decorrer dos anos, muitos líderes começam a mostrar-se desgastados, esgotados e até sem paciência com a equipe, mas o líder "zero bala" sabe canalizar suas frustrações e onde buscar forças para permanecer liderando em alta *performance*. Pensando nisso, você diria que possui as características do líder com a letra Z?

CONCLUSÃO

Estamos chegando ao final do livro e gostaria de saber a sua opinião. Escreva um comentário em meu site www.marcelosimonato.com na barra de contatos e eu irei presenteá-lo com um material exclusivo. É meu presente para você que chegou até aqui!

Quero deixar uma última reflexão sobre o líder de A a Z: a fim de conquistar o sucesso na liderança, o líder deve desenvolver, entre outras habilidades, a visão. Essa é a premissa que irá direcionar o líder e sua equipe pela jornada correta até chegarem ao resultado almejado. Para isso, o líder precisa:

Ser líder de si mesmo

Você já reparou como existem pessoas que já nascem com uma predisposição para inspirar, persuadir e liderar com legitimidade? São pessoas que carregam uma conduta natural de influenciar os outros a tomar decisões, agir e sair da acomodação. Elas são capazes, como num passe de mágica, de organizar locais, direcionar pessoas, resolver problemas e levar profissionais ao engajamento, à produtividade e ao atingimento de metas apenas por meio de uma simples conversa.

Saiba que, antes mesmo de liderar uma equipe, departamento ou empresa, é fundamental que o líder conheça-se e lidere a si mesmo, pois só assim poderá influenciar outras pessoas.

Investir no autoconhecimento

Você consegue identificar suas aptidões e fraquezas? A liderança moderna conta com profissionais que possuem capacidade de desenvolver suas funções de acordo com suas potencialidades.

Antes de demandar atividades para a equipe, de acordo com a capacidade de cada indivíduo, o líder deve saber quais são seus pontos fortes e fracos e saber administrá-los da melhor maneira possível, por isso o autoconhecimento é tão importante. Dessa forma, é possível que suas qualidades sejam potencializadas e os pontos de aprimoramento sejam desenvolvidos para que não se tornem um obstáculo.

Saber administrar seu tempo

Aqueles que almejam o sucesso devem trabalhar a capacidade de estabelecer prioridades, tanto na vida profissional, na quanto pessoal. É natural do ser humano perder tempo com coisas que não agregam valor ou não trazem algum tipo de benefício, muitas vezes incentivado pelo próprio comodismo, mas um líder de sucesso deve fugir desse cenário.

Procure organizar seu tempo de maneira que seja possível aproveitar o máximo de cada hora do dia, investindo em atividades realmente importantes para sua saúde e carreira, buscando, sempre que possível, manter o equilíbrio entre o trabalho e sua vida particular.

Adquirir o hábito do planejamento

Sabe os exemplos que passei há pouco sobre pessoas que desistem de seus objetivos no caminho? Um dos principais responsáveis por esse cenário é a falta de planejamento. Quando não se sabe qual processo deve ser seguido para alcançar uma meta, é bastante provável que elas falhem em algum momento.

Então, antes de assumir grandes compromissos, procure estabelecer pequenas metas individuais e trabalhe no seu planejamento. Defina aonde quer chegar, descubra quais os possíveis obstáculos que enfrentará no caminho e estude o investimento necessário para sua realização. Qualquer projeto dentro de uma organização precisa de planejamento para ser finalizado com sucesso e o maior responsável por garantir esse cenário é o líder. Lembre-se disso: você é o responsável por fazer de sua liderança e gestão de pessoas um sucesso!

Espero que o conteúdo deste livro tenha sido útil para você. Conte comigo, quero ajudá-lo em sua jornada para tornar-se um grande líder! Conheça meus treinamentos e palestras, cursos *online*, artigos e demais livros em www.marcelosimonato.com.

Acompanhe-me nas redes sociais no perfil:

@MarceloSimonato.Oficial

Um abraço e até a próxima!

Marcelo Simonato,

Executivo, escritor e palestrante.
Especialista em liderança e gestão de pessoas.

REFERÊNCIAS

ADMINISTRADORES. *Caso do Desmóstenes com a fala*. Disponível em: <http://www.administradores.com>. Acesso em: 26 de out. de 2020.

BÍBLIA, Lucas 5:5; 12:39-48; Atos 27.

CANFIELD, Jack. *Os princípios do sucesso*.

CHAMINE, Shirzad. *Inteligência emocional*.

CHARAM, Ram. *A arte de cultivar líderes*.

DIVERTIDA MENTE. Direção de Pete Docter. Estados Unidos da América: Pixar Studios, 2015. (93 min).

FABOSSI, Marcos. *Coração do líder*.

FUNDAÇÃO INSTITUTO DE ADMNISTRAÇÃO ALFREDO BEHRENS. Profuturo – Programa de Estudos do Futuro.

GALILEU. *Expedição Imperial Transantártica*.

GARDNER, Howard. *Leading Minds (Mentes quem lideram)*.

HSIEH, Tony. *Satisfação garantida*. Disponível em: <www.wikipedia.com.br>. Acesso em: 20 de out. de 2020.

HUNTER, James. *O monge e o executivo*.

JENEZI, Carlos. *Estar em um barco à deriva*. Disponível em: <www.brasileditorial.com.br>. Acesso em: 10 de dez. de 2020.

JORNAL DO EMPREENDEDOR. *Em filosofia, treva é a ausência de luz*.

NETFLIX. *Arremesso final*, Michael Jordan.

PEASE, Barbara. *Como conquistar as pessoas*.

REDE GLOBO DE TELEVISÃO. Minissérie: *Segunda Chamada*.

SIGNIFICADOS. Significado de entusiasmo. Disponível em: <http://www.significados.com.br/entusiasmo>. Acesso em: 26 de out. de 2020.

SIMONATO, Marcelo. *Pilares do sucesso profissional*. Literare Books International, 2019.

SIMONATO, Marcelo. *Liderando juntos*. Literare Books International, 2020.

SINEK, Simon. *Líderes se servem por último*.

UOL. *Hormônios da felicidade: conheça substâncias que geram humor e bem-estar*. Disponível em: <https://www.uol.com.br/vivabem/noticias/redacao/2018/06/27/conheca-os-neurotransmissores-que-podem-gerar-bem-estar-e-felicidade.htm>. Acesso em: 26 de out. de 2020.

WESTBROOK, R. A.; OLIVER, R. L. The Dimensionality of Consumption Emotions Patterns and Consumer Satisfaction. *Journal of Consumer Research*, 1991.